Brasil
o futuro
que queremos

Proibida a reprodução total ou parcial em qualquer mídia
sem a autorização escrita da editora.
Os infratores estão sujeitos às penas da lei.

A Editora não é responsável pelo conteúdo dos capítulos deste livro.
O Coordenador e os Autores conhecem os fatos narrados,
pelos quais são responsáveis, assim como se responsabilizam pelos juízos emitidos.

Consulte nosso catálogo completo e últimos lançamentos em **www.editoracontexto.com.br**.

Jaime Pinsky
(coordenador)

Brasil
o futuro
que queremos

Copyright © 2018 Jaime Pinsky

Todos os direitos desta edição reservados à
Editora Contexto (Editora Pinsky Ltda.)

Capa, projeto gráfico e ilustrações
Thomás Coutinho

Diagramação
Gustavo S. Vilas Boas

Preparação de textos
Lilian Aquino

Revisão
Vitória Oliveira Lima

Dados Internacionais de Catalogação na Publicação (CIP)

Brasil : o futuro que queremos / coordenador Jaime Pinsky;
Claudia Costin ... [et al.]; ilustrador Thomás Coutinho. –
São Paulo : Contexto, 2018.
256 p. : il.

Bibliografia.
ISBN 978-85-520-0058-7

1. Brasil – Política social 2. Educação 3. Saúde pública
4. Política pública 5. Política econômica I. Título
II. Costin, Claudia III. Pinsky, Jaime IV. Coutinho, Thomás

18-0447   CDD 361.610981

Andreia de Almeida CRB-8/7889

Índice para catálogo sistemático:
1. Política social : Brasil

2018

EDITORA CONTEXTO
Diretor editorial: *Jaime Pinsky*

Rua Dr. José Elias, 520 – Alto da Lapa
05083-030 – São Paulo – SP
PABX: (11) 3832 5838
contexto@editoracontexto.com.br
www.editoracontexto.com.br

Sumário

Jaime Pinsky	**Introdução**	7
Claudia Costin	**Educação**	11
Paulo Saldiva	**Saúde**	25
Jaime Lerner	**Cidades**	43
Nabil Bonduki	**Moradia**	61
Eduardo Muylaert	**Segurança pública**	87
Glauco Arbix	**Ciência e tecnologia**	107
Luís Eduardo Assis	**Economia e finanças**	141
Antonio Corrêa de Lacerda	**Política econômica**	163
Paulo Roberto de Almeida	**Relações internacionais**	185
Roberto Rodrigues	**Agricultura**	203
Fabio Feldmann	**Meio ambiente**	223
Milton Leite	**Esporte**	237
	Os autores	251

BRASIL
BRASIL

Gustavo Cunha

Jaime Pinsky

Historiador e editor

Introdução

Os gritos de indignação seletiva, que abafaram o debate de ideias nos últimos tempos, tanto no âmbito da política formal quanto no espaço das mídias sociais, poderiam dar a falsa impressão de que somos incapazes de estabelecer um diálogo qualificado e construtivo. Isso não é verdade. O país dispõe de especialistas e intelectuais de alto nível, ótima formação acadêmica e bons propósitos, detentores de senso de responsabilidade com relação aos caminhos que nosso país pode e deve trilhar. Estamos falando de gente preocupada com os rumos do país, de pessoas com ideias e projetos que podem (re)colocar o Brasil nos eixos. Sem milagres, com propostas concretas, elaboradas a partir de experiência e estudos. E mais ainda, sem palavras de ordem. Sem ofender os que pensam de modo diferente.

Esses brasileiros existem? Não só existem, como escrevem. E, felizmente, não são tão poucos. Alguns militam em partidos políticos, outros não. Alguns já exerceram cargos públicos, outros não. Alguns já tiveram funções executivas, outros não. É importante ressaltar que nenhum dos participantes deste livro foi escolhido por sua filiação política, senão por sua competência. Como historiador e cidadão, julguei que poderia ajudar o país promovendo um debate de alto nível sobre alguns dos problemas mais importantes que o Brasil precisa resolver nos próximos anos. E a Editora Contexto se sentiu na obrigação de organizar, editar e fazer circular um livro que pudesse colaborar com a superação de problemas endêmicos que nossa nação enfrenta.

Concebemos a obra com o objetivo explícito de qualificar o debate, de avançar na discussão de ideias, de reunir um grupo de brasileiros dispostos a sugerir políticas públicas em sua área de especialização e interesse. O leitor não vai encontrar aqui ensaios acadêmicos, embora todos os autores reunidos tenham competência para formulá-los, com muita qualidade. Simplesmente, não era esse o objetivo que buscávamos atingir. Não se trata também de panfletos destinados a justificar a plataforma de um ou outro partido político. O que não impede que capítulos deste livro inspirem a criação de leis, seja em uma modesta Câmara de vereadores, seja no próprio Congresso Nacional. E, quem sabe, algumas dessas leis possam ser sancionadas e colocadas em prática por políticos em funções executivas, desde o prefeito de uma pequena cidade do interior até o presidente da República.

Cada capítulo deste livro pode ser um ponto de partida para uma ação efetiva em uma área importante. Embora cada autor seja responsável apenas pelo seu capítulo, pela sua área de especialização, o conjunto de textos forma um livro que se torna um projeto de políticas públicas em diferentes áreas: economia, educação, agricultura, questão urbana, ciência e tecnologia, política externa, saúde pública, política de esporte e meio ambiente. Pedimos a cada autor que descrevesse o estado atual do problema, os obstáculos que a área enfrenta para encaminhar soluções adequadas, quais as forças políticas que se opõem ou dificultam a solução do problema, quais as que têm interesse e podem colaborar para que o problema seja solucionado, qual a prioridade da questão em comparação com outras questões importantes que devem ser solucionadas (Educação ou moradia? Esporte ou meio ambiente?) e, finalmente, onde é que os recursos destinados ao encaminhamento do problema irão ser encontrados. Os autores tiveram total liberdade de colocar suas ideias e estas foram integralmente respeitadas. Não por acaso alguns diálogos podem ser percebidos pelos leitores e não cabe a este coordenador do projeto chamar a atenção para esse aspecto do livro. Cada um faça a sua leitura e chegue às suas conclusões, democraticamente.

E democraticamente colocamos este maravilhoso conjunto de ideias à disposição de todos.

* * *

A concepção deste livro foi discutida, como sempre faço, com Carla, Daniel e Luciana. Para sua realização troquei ideias com Willian, Diogo e Moises. Saldiva teve a generosidade de se dispor a discutir comigo a alocação de alguns nomes. É claro, contudo, que a responsabilidade da seleção de autores recai exclusivamente sobre mim. E que as opiniões refletem o pensamento de cada um.

Claudia Costin
Diretora do Centro de Excelência e Inovação em Políticas Educacionais da FGV

Educação

A EDUCAÇÃO BRASILEIRA E OS OBJETIVOS DO DESENVOLVIMENTO SUSTENTÁVEL

Quando se aproxima um novo ciclo eleitoral, é fundamental que se pense em quanto se avançou em cada área de atuação dos governos, o que precisa ser consolidado e o que é ainda importante construir por meio de políticas públicas nacionais e subnacionais. E em educação isto é particularmente relevante; afinal não se concebe o desenvolvimento sustentável e inclusivo de um país sem que esteja ancorado em políticas educacionais sólidas que contemplem tanto o acesso quanto a qualidade do ensino.

E isso é consistente com o que, em setembro de 2015, a Assembleia das Nações Unidas aprovou nos Objetivos do Desenvolvimento Sustentável (ODS), que consiste tanto num roteiro de ação quanto num ponto de chegada, com metas ambiciosas a serem alcançadas até 2030 por todos os 194 países signatários. O Objetivo 4, referente a Educação, preconiza que os países assegurem educação inclusiva, equitativa e de qualidade e promovam oportunidades de aprendizagem ao longo da vida para todos.

Observem que aqui não se fala apenas em acesso à escola, como nos Objetivos do Milênio, precursores do que foi aprovado pela ONU para este novo período, e nem se restringe o campo de resultados para a educação primária, o nosso ensino fundamental I. O ODS 4 refere-se à aprendizagem nos diferentes níveis da educação básica, incluindo educação infantil, ensino fundamental I e II, ensino médio e ainda complementa com formação técnica e universitária.

Para quem tem dúvidas, transcrevo aqui algumas das metas até 2030 em que se desdobra o Objetivo 4, com meus comentários entre parênteses:

- assegurar que todas as meninas e meninos completem educação primária e secundária (ou seja, até o final do ensino médio) de qualidade, livre e equitativa, que conduza a resultados de aprendizagem relevantes e efetivos (ou seja, não basta concluir, é necessário aprender);
- assegurar que todas as meninas e meninos tenham acesso a programas de primeira infância de qualidade, incluindo educação pré-escolar, para que estejam prontos para o ensino primário;
- aumentar, de forma expressiva, o número de jovens e adultos que tenham habilidades relevantes (o que coloca desafios tanto para a educação básica, no sentido de aprimorar o ensino oferecido, desenvolvendo competências importantes para a sociedade em que o aluno vai se inserir, bem como para a Educação de Jovens e Adultos (EJA), garantindo que quem não teve acesso à escola ou não a concluiu possa adquirir as habilidades necessárias), inclusive competências técnicas para empregabilidade e empreendedorismo.

Neste contexto, quais são os desafios que a educação brasileira apresenta para cumprir com tão ambicioso programa? E, além disso, qual o programa de ação que possibilita a construção de uma educação tal como estabelecida no Objetivo de Desenvolvimento 4 e que prepare a nova geração para as profundas transformações que vêm ocorrendo recentemente no mundo do trabalho, frente à automação e robotização?

O Brasil terá, certamente, um desafio imenso para cumprir esse objetivo e construir uma educação que contemple novas necessidades que nos coloca o chamado *futuro do trabalho*. Não apenas nos saímos mal em testes como o Pisa, exame organizado pela OCDE para jovens de 15 anos, mas há também profunda desigualdade no desempenho dos alunos nessa e em outras avaliações, de forma que, em vez de ser uma maneira de oferecer igualdade de oportunidades para todos, a educação no Brasil hoje ainda contribui para o acirramento da inequidade.

OS DESAFIOS E OS AVANÇOS DA EDUCAÇÃO BRASILEIRA

O Brasil demorou muito para universalizar o acesso à educação primária (o que chamamos no Brasil de ensino fundamental I). Em 1930, enquanto a Argentina tinha 62% das crianças na escola e o Chile, 73%, por exemplo, nosso país contava com apenas 21,5% e demorou enormemente para incluir todos (ou quase todos) na escola (ver, a respeito, Lindert, 2004).[1]

Assim, durante muito tempo, os bancos escolares contavam prioritariamente com alunos oriundos das camadas médias ou das elites.

Isso não precisava ser assim, mas o Brasil fez uma opção de política pública, nos anos 1930 e 1940, de investir na criação de uma elite intelectual iluminada que pudesse definir os rumos do país, investindo de forma mais incisiva, à época, no ensino superior. Parecia fazer sentido deixar a universalização do acesso ao ensino primário para depois, no espírito prevalente entre os governantes. Além disso, uma lei de 1931 estabeleceu um exame de admissão para o ginásio que excluiu a maior parte da população em idade escolar do acesso a essa etapa durante cerca de 40 anos. Erro semelhante fez a Índia e ambos os países pagam até hoje um preço alto em termos de desigualdade acentuada e pobreza.

O governo militar manteve essa ordem de coisas e até a aprofundou, mas, com a redemocratização, a educação básica foi incluída entre os direitos sociais, com prestação de serviços prevista para estados e municípios. No entanto, a universalização teve que esperar até 1997, com a criação do Fundef, um fundo para financiar o ensino fundamental, baseado no número de alunos matriculados nas escolas, em cada sistema.

Houve também um esforço grande de contratação de professores para tornar isso possível e de exigência de que os docentes cursassem ao menos o curso superior, mesmo que para se habilitar a dar aulas na primeira etapa do ensino fundamental. Da mesma maneira, a partir de então teve início a avaliação de forma mais sistemática da aprendizagem dos alunos.

O empenho de sucessivos governos no sentido de melhorar a educação básica, tanto em termos de acesso quanto de qualificação e conclusão, esbarrou, no entanto, em alguns problemas, tais como:

- falta de diretrizes mais claras para elaboração de currículos subnacionais e escolares, dificultando a definição dos direitos à aprendizagem e a garantia de equidade;
- despreparo de gestores de redes estaduais e municipais para gerir o processo de melhoria da qualidade da educação;
- desconexão entre diferentes políticas públicas na busca ativa de alunos que abandonam a escola ou que nunca a frequentaram, mesmo que alguns avanços tenham ocorrido nessa direção, inicialmente com a Bolsa Escola e depois a Bolsa Família, que vinculam transferência de renda à frequência escolar;
- baixa atratividade e prestígio social da carreira de professor, com salários baixos e contratos fragmentados, levando eventualmente a desprofissionalização;

- inadequação da formação inicial do professor no ensino superior, ainda muito centrada em fundamentos da Educação e desconectada da preparação para uma profissão;
- reduzida ênfase em formação continuada em serviço, a despeito da lei que estabelece provisão de 1/3 do tempo para atividades extraclasse;
- visão demagógica da educação em contextos de vulnerabilidade, com baixas expectativas de aprendizagem para a maior parte dos alunos;
- falta de informações para os professores sobre o desempenho de seus alunos em avaliações externas para orientar sua prática;
- excesso de disciplinas e curta duração da jornada escolar no ensino médio, levando a um currículo enciclopédico e abordagem inadequada para o desenvolvimento das competências necessárias para o século XXI;
- Índice de Desenvolvimento da Educação Básica (Ideb), que mede o desempenho das redes em termos de aprendizagem e taxas de aprovação, extremamente baixo para o ensino médio, estagnado em 3,7, numa escala de zero a 10.

Dados esses problemas, não é de se estranhar que os resultados educacionais tenham se mostrado tão baixos:

- no Pisa de 2015, entre 70 economias que tiveram seus resultados divulgados, o Brasil se colocou em 66º lugar em Matemática, 63º em Ciências e 59º em Leitura. Observe-se que o Brasil é a 9ª economia do mundo, medida pelo PIB;
- o problema de baixa aprendizagem começa cedo: 54,7% dos alunos de 3º ano do fundamental têm problemas de leitura (ou seja, estão nos níveis 1 e 2 na Avaliação Nacional de Alfabetização de 2016); cerca de 34% em escrita e 54,4% em Matemática;

- cerca de 60% dos alunos de 5º ano têm desempenho inadequado em Português e Matemática na Prova Brasil, aplicada em todas as escolas públicas a cada dois anos;
- no 9º ano, 73% dos alunos não aprenderam o adequado em Português e 83%, em Matemática;
- altas taxas de repetência e evasão no ensino médio, com taxa de conclusão até os 19 anos de idade em apenas 59%.

Apesar disso, existem avanços inequívocos em Educação que devem ser celebrados e preservados. Um deles é o fato de que o Brasil aprovou um Marco Legal para a primeira infância que nos permitirá, se bem implementado, lidar com números bem mais positivos no futuro e diminuir a desigualdade social. Além disso, o fato de que incluímos as crianças de 4 e 5 anos como parte da educação obrigatória pode possibilitar não apenas a redução de déficits de aprendizagem oriundos de nível socioeconômico, mas também a preservação da saúde e condições melhores de vida para elas. Segundo o Anuário Brasileiro de Educação, temos hoje 90,5 % das crianças dessa faixa etária na escola.

Outro avanço importante é na taxa de atendimento de jovens de 15 a 17 anos, faixa etária também incluída na escolaridade obrigatória desde 2016. Em 2015, registramos 84,3% desses jovens na escola, embora muitos deles não estejam cursando o ensino médio, o correto para a idade.

Criamos também uma cultura de avaliação. Sistematicamente, a cada dois anos, a Prova Brasil vem sendo aplicada em escolas públicas no 5º e 9º anos do ensino fundamental, bem como no 3º ano do ensino médio (neste caso, por amostragem). A série histórica gerada pelos resultados dessa avaliação nos permite acompanhar a evolução da aprendizagem no Brasil, e, associada às taxas de aprovação dos alunos, consolidadas no Ideb, o desempenho das redes de ensino.

Com os dados da Prova Brasil, constatamos que a aprendizagem no 5º ano vem sistematicamente melhorando (embora aquém do desejável) e a do 9º apresentou melhorias menores, mas sólidas em período recente.

A Avaliação Nacional de Alfabetização (ANA), realizada no final do 3º ano do ensino fundamental, permite verificar se os alunos completaram a alfabetização e a matemática iniciais. Com a aprovação da Base, sabe-se que essa avaliação deve ser antecipada para o 2º ano, em que se prevê a conclusão da alfabetização para todos os alunos.

A criação do Sistema de Seleção Unificada (Sisu) – um sistema que recebe as notas do Exame Nacional do Ensino Médio (Enem) e permite que jovens as apliquem para universidades que aceitem o exame como parte do processo seletivo para ingresso na faculdade escolhida pelo aluno – foi também um importante avanço para a educação no país. Com isso, muito mais jovens puderam ter acesso ao ensino superior.

A aprovação da Base Nacional Comum Curricular (BNCC) é outra boa notícia. Apesar de estabelecida na Constituição e reafirmada na Lei de Diretrizes e Bases, o Brasil demorou muito para aceitar a ideia de contar com orientações para elaboração de currículos que assegurassem o direito de aprender dos alunos. Depois de anos de discussão, diferentes versões, passando por distintos ministros de Educação, foram aprovadas em dezembro de 2017 pelo Conselho Nacional de Educação, e homologadas pelo ministro as partes referentes à educação infantil e ao ensino fundamental. Agora, esses dois componentes serão traduzidos em currículos subnacionais, enquanto a parte referente ao ensino médio será revista por uma Comissão, receberá contribuições e deve ser enviada, ainda em 2018, para aprovação.

O FUTURO DO TRABALHO E A EDUCAÇÃO NO BRASIL

As mudanças tecnológicas do período recente têm representado um importante indutor de crescimento econômico, mas estão também associadas a transformações consideráveis no mundo do trabalho. As inovações que concretizam a chamada 4ª Revolução Industrial vêm apresentando, em boa parte do mundo, um forte potencial de extinção de postos de trabalho, em especial aqueles associados a tarefas rotineiras, num ritmo sem precedentes na história.

O cenário pode ser catastrófico: segundo Carl Frey e Michael Osborne, pesquisadores da Universidade de Oxford, até 2030, cerca de 2 bilhões de empregos serão extintos. Não é necessário mencionar os milhares de postos de condutores de ônibus, táxi ou metrô que perderão seus empregos com o carro autodirigível, a abertura da loja da Amazon, sem pessoas operando o caixa, ou os funcionários de telemarketing que já vêm sendo substituídos por gravações de artistas de renome, para se ter a dimensão do que pode ocorrer em poucos anos.

Isso também vem ocorrendo no Brasil. Cerca de 11.900 robôs industriais serão comercializados no Brasil entre 2015 e 2020, segundo a Federação Industrial de Robótica, e 15,7 milhões de trabalhadores serão afetados pela automação até 2030, de acordo com projeções da consultoria McKinsey.

Nesse contexto, a educação no Brasil deve não apenas melhorar a qualidade no desenvolvimento de competências já demandadas pelo mundo do trabalho, mas também preparar a futura geração de adultos para a resolução colaborativa de problemas, pensamento crítico, flexibilidade e adaptabilidade, criatividade, experimentação e abertura a novas experiências, as chamadas competências do século XXI. Levará, certamente, um bom tempo até que a Inteligência Artificial parametrize habilidades como essas e as repasse para robôs.

Ora, isso envolve uma profunda transformação da escola como a conhecemos. Experimentos importantes têm sido desenvolvidos em algumas escolas, especialmente particulares, buscando maior envolvimento dos alunos no processo de ensino-aprendizagem, muitas vezes com estratégias como aprendizagem baseada em problemas (ou, anteriormente, em projetos), mas dificilmente isso ganha escala de forma a se fazer presente em redes de escolas públicas.

Nesse sentido, também deve ser saudada a Base Nacional Comum Curricular, por incorporar essas competências que serão decisivas para preparar o jovem para contar com as habilidades de que necessita para prosperar num mundo de incertezas e poder reinventar-se sempre que seu posto de trabalho for colocado em risco.

Mas o grande desafio para que isso ocorra é mudar a cultura prevalente nas escolas, o que não se consegue fazer apenas com um documento normativo. Muito investimento em desenvolvimento profissional dos professores e diretores será necessário, assim como mudanças até no recrutamento e na seleção de docentes.

A inação frente às transformações que vivemos pode ser particularmente perniciosa. A desigualdade social, tão forte ainda no Brasil, tenderá a crescer, contingentes grandes de trabalhadores poderão ter seus empregos extintos ou padrões de renda rebaixados e, eventualmente, engrossarão os quadros de cidadãos aptos a flertar com soluções populistas, como vem ocorrendo em outras partes do mundo.

UM ESBOÇO DE PLANO DE AÇÃO

Há muito que ser feito para transformar a educação no Brasil. O mais importante no processo é evitar a busca de "balas de prata" que prometem solucionar de uma vez por todas os problemas, desconstruindo o que já foi feito e que, apesar de exageradamente lento, tem trazido avanços na educação no país.

É também importante notar que, ao mesmo tempo em que faz sentido buscar referências e pesquisas internacionais, cada sistema educativo, como bem mostra o relatório da consultoria McKinsey, dependendo do estágio de evolução em que se encontra, demanda diferentes estratégias para continuar avançando (Mona Mourshed et al.[2]).

É também importante notar que parte significativa das propostas que mais efeito têm sobre a aprendizagem leva tempo para gerar resultados sustentáveis. O imediatismo em educação tende a ser tão pernicioso quanto a falta de um sentido de urgência nas ações.

Há dois princípios norteadores no Plano de Ação aqui apresentado: excelência e equidade, tais como os definem o Objetivo do

Desenvolvimento Sustentável 4. A ideia é, por um lado, investir no que é mais importante na Educação, a aprendizagem com altas expectativas, e, por outro, garantir que não haja exclusões ou um ensino de segunda linha para os mais vulneráveis. Trata-se de altas expectativas para todos. Para isso, uma forte ação afirmativa frente à condição de vulnerabilidade será necessária.

A equidade demanda também uma sólida coordenação das ações entre diferentes níveis de governo e uma atenção particular para regiões e escolas de mais baixo desempenho.

As principais medidas a integrarem um Plano de Ação para os próximos quatro anos seriam (sem definição de ordem de prioridade):

- criar um Sistema Nacional de Educação Básica, em que se redefina a governança e o financiamento da área, estabelecendo mais claramente as responsabilidades de cada nível de governo e ficando a certificação de docentes como responsabilidade da União, inclusive como etapa inicial de concursos públicos;
- estabelecer um mecanismo de atualização sistemática da Base Nacional Comum Curricular e dos currículos subnacionais, de forma participativa e utilizando o regime de colaboração vertical (entre União e estados e entre estados e municípios) e horizontal (entre estados e entre municípios);
- reparar, em regime de colaboração, materiais curriculares de apoio aos professores, inclusive em meio digital, e organizar formações para sua utilização;
- adaptar as avaliações atualmente existentes à nova Base e dotar os estados e municípios de bancos de itens para realização de avaliações formativas que forneçam informações de aprendizagem para uso dos professores;
- realizar um grande projeto de melhoria da infraestrutura das escolas que permita ampliação da jornada escolar, rumo a

um turno único, com melhores instalações para o processo de colaboração dos professores, salas de aula em que se possa desenvolver trabalhos em grupos e conectividade para apoiar aulas e o uso de plataformas digitais;
- preparar planos estaduais georreferenciados para colocar progressivamente as redes de ensino público, em turno único, com jornadas escolares ampliadas e diversificação de atividades, iniciando em áreas de vulnerabilidade com o ensino fundamental, onde há já uma redução de alunos, dada a transição demográfica.
- elaborar uma Base Nacional Docente que se traduza posteriormente em currículos de centros de formação de professores no ensino superior, com base em competências a serem desenvolvidas nos mestres e que seja de natureza claramente preparatória para o exercício profissional;
- profissionalizar a carreira de professor, aumentando a atratividade da carreira, por meio de contratação em 40 horas semanais ou regime de dedicação exclusiva, estabelecimento de um teto de 15% para professores temporários;
- incluir provas didáticas nos concursos públicos para professores da educação básica;
- regular a utilização do tempo legalmente previsto de atividades extraclasse nas redes estaduais e municipais, a fim de proporcionar uma forma mais efetiva de formação continuada em serviço e de trabalho colaborativo entre docentes;
- estabelecer mecanismos mais efetivos para reforço escolar, com trajetórias educacionais alternativas para alunos mais velhos ou anteriormente excluídos da escola e sistemáticas de correção de fluxo;
- criar mecanismos descentralizados para chamar professores substitutos sempre que algum professor ficar impossibilitado de comparecer na escola;

- promover maior intersetorialidade em ações voltadas à primeira infância, especialmente para famílias do Cadastro Único de Desenvolvimento Social (Bolsa Família), inclusive com visitação domiciliar e Escolas de Pais, de forma a assegurar desenvolvimento mais integrado e saudável dos bebês e das crianças pequenas e favorecer sua aprendizagem posteriormente em creches e pré-escolas;
- criar projeto de investimento, em regime de colaboração, em infraestrutura de creches e pré-escolas e em terrenos compartilhados com centros de saúde para permitir maior convergência entre as duas políticas públicas nesta fase;
- certificar instituições privadas e do terceiro setor para apoiar a formação técnica de alunos no ensino médio que optarem por ensino profissional, nos moldes do que ocorre nos países mais avançados em Educação.

Este conjunto de medidas, a ser detalhado pelos governos eleitos, irá certamente nos retirar do atraso em que nos encontramos na educação básica e nos ajudar não somente a construir o capital humano necessário para colocar o país num outro patamar de desenvolvimento, mas também para garantir o direito de aprender de todos.

CONCLUSÃO

A educação brasileira conta hoje com condições favoráveis para recuperar o atraso, tanto em termos de acesso e conclusão do ensino médio, como em aprendizagem de seus alunos. Temos a Base Curricular (ao menos para a educação infantil e o ensino fundamental) e a capacidade de avaliar consistentemente o desempenho dos alunos e gerar dados educacionais sobre aprendizagem; temos também instituições formadoras que, apesar de não prepararem adequadamente para a profissão de professor, estão aptas a fazê-lo, como ocorre com algumas pioneiras, e temos alguns recursos reservados, embora ainda insuficientes, para financiar a educação.

O que parece faltar é um grande projeto de transformação, pactuado entre União, estados e municípios, que inclua um sequenciamento de ações, mudanças profundas na forma de preparar os docentes para a profissão e na atratividade da carreira, currículos que tragam a Base para o chão da escola e que sejam compatíveis com os tempos que vivemos.

Foi isso que tentei apresentar na seção "Um esboço de plano de ação", deste capítulo.

No fundo, no entanto, precisamos de uma escola que ensine a pensar, que instile nos jovens não apenas competência leitora e de raciocínio matemático, mas amplie seu repertório cultural e desperte em suas mentes dois componentes essenciais para uma aprendizagem consistente: a curiosidade e a imaginação.

Precisamos também de uma escola em que todos aprendam, que combine excelência com equidade. Temos no Brasil, é verdade, algumas escolas excelentes, mas elas tendem a ser excludentes, com exames de entrada ou restritas a quem pode pagar por educação privada, e são, assim, para poucos. Lograr construir, em escala, uma educação de muita qualidade para todos é o grande desafio que os Objetivos de Desenvolvimento Sustentável e o novo mundo do trabalho nos colocam.

Isso é, certamente, desafiador, mas viável. Para tanto, além de um projeto nacional, há que se ter uma liderança que impulsione a transformação.

O Brasil certamente merece!

Notas

[1] Peter Lindert, *Growing Public: Social Spending and Economic Growth since the Eighteenth Century*, Cambridge, Cambridge University Press, 2004.
[2] Michael Barber, Chinezi Chijioke e Mona Mourshed, "How the World's Most Improved School Systems Keep Getting Better", McKinsey & Company, 2010, disponível em <https://www.mckinsey.com/industries/social-sector/our-insights/how-the-worlds-most-improved-school-systems-keep-getting-better>, acesso em 8 abr. 2018.

Paulo Saldiva

Médico patologista e professor da Faculdade de Medicina da USP

Saúde

O adoecimento é uma experiência de vida que não permite indiferenças. O sofrimento pessoal, a perda de entes queridos, o sentimento de fragilidade e o temor frente à morte são as forças que incutiram na alma humana a busca pelo tratamento e pela cura como valor central das necessidades de uma existência digna. Nos primórdios da escalada do homem, a busca pela recuperação da saúde habitava a esfera do divino. Com o progresso científico, os mecanismos responsáveis pelo adoecimento foram sendo compreendidos, e, consequentemente, foi possível criar estratégias e processos para a prevenção de doenças, bem como para o seu tratamento mais eficiente. Nos dias de hoje, sabemos cada vez mais sobre as doenças, como preveni-las e como viver melhor com elas, mas nos deparamos com problemas de outra natureza, que dificultam a aplicação dos conhecimentos conquistados pela pesquisa para toda a sociedade.

O custo cada vez maior de alguns tratamentos tem sistematicamente impedido o acesso de seus benefícios a toda população e é um desafio central para o sistema de saúde no mundo todo, público ou não. No caso do Brasil, temos que enfrentar questões adicionais impostas pelas marcantes desigualdades sociais e econômicas.

A promoção da saúde envolve relações complexas entre valores e princípios gerados por hábitos de vida, aspectos culturais, preceitos religiosos, forças econômicas e fatores de risco para o adoecimento, seja por doenças infecciosas ou por doenças crônicas não transmissíveis. Por exemplo, o controle adequado das doenças infecciosas transmitidas por insetos é muito dificultado pela falta e deterioração do saneamento, pelo excesso de produção de lixo e pelo descontrole governamental sobre a ocupação do cinturão verde ao redor da cidade. O mesmo vale para os desafios impostos pelo controle de partes do território urbano pelo estado alternativo da criminalidade. De forma similar, controlar a epidemia de obesidade e suas consequências é bastante desafiador, notadamente frente a um oponente literalmente de "peso", que é a indústria de alimentos ultraprocessados. Sem contar que fatores importantes para a epidemia, como a imobilidade generalizada da maioria das cidades, resultado de uma combinação da priorização do transporte motorizado individual e das distâncias cada vez maiores entre trabalho e moradia, precisam ser abortados por outros setores do governo que não a saúde, como o transporte e o planejamento urbano. Em outras palavras, todos ansiamos pelo melhor tratamento quando adoecemos, mas, para a maioria dos brasileiros, o acesso a tratamento não é uma realidade. Atualmente, sabemos muito sobre modos de vida saudáveis, mas as necessidades e circunstâncias da vida moderna nos afastam cada vez mais dessa rota.

É disso que trata este capítulo, dos dilemas e das escolhas possíveis para melhorar a saúde dos brasileiros do ponto de vista da gestão pública. Esperamos com isso contribuir para o debate das políticas de saúde, notadamente quando se avizinha o processo de eleição presidencial. Vale ressaltar que nas plataformas de saúde dos programas de governo dos candidatos a presidente da República nas eleições de 2014, nenhum candidato apresentou metas sanitárias ou de garantia de acesso e qualidade de atendimento de saúde. Sem exceção, as proposições contidas nos documentos dos candidatos eram muito limitadas e sem compromissos palpáveis de metas quantificáveis ou objetivas. Como resultado, decisões importantes sobre o funcionamento do sistema de saúde são resolvidas após as eleições e estão sujeitas às pressões políticas do momento. Além disso, as plataformas são, em geral, muito parecidas e pouco (ou nada) permitem diferenciar candidatos por suas propostas para a saúde, um contrassenso significativo, dado a importância do tema para os eleitores.

O perfil singular de adoecimento e morte no país, que inclui desde altas taxas de cesarianas e partos prematuros até cânceres diagnosticados em estágios avançados e epidemias de dengue e zika, entre outras doenças, foi sistematicamente desconsiderado em todos os programas de governo dos candidatos às eleições de 2014. Nenhum programa estabeleceu estratégias ou metas para o enfrentamento das elevadas taxas de acidentes de trânsito e homicídios no país, principal causa de morte entre homens entre 15 e 49 anos no Brasil,[1] porém pouco reconhecidas como problemas de saúde em debates eleitorais. Há ainda um foco desproporcional dos debates eleitorais para a atenção secundária e terciária em detrimento à atenção básica.[2] Durante as campanhas, o debate pré-eleitoral sobre saúde costuma se restringir a promessas de construção de hospitais e outras melhorias na disponibilização de atendimento de saúde à população, ações que, embora relevantes, têm resultados limitados, porque não refletem os verdadeiros gargalos do sistema de saúde brasileiro. Num país continental, com mais de 200 milhões de habitantes e marcado por profundas desigualdades regionais e sociais como o Brasil, a questão da saúde ganha em complexidade e o debate sobre como melhorá-la é da maior relevância.

O SISTEMA DE SAÚDE NO BRASIL

Complexo e dinâmico, o sistema de saúde brasileiro é formado por múltiplos serviços e organizações públicas e privadas, além de conviver com diferentes modalidades de financiamento, prestação e gestão da saúde.[3] Três subsetores compõem esse sistema: o público, o suplementar e o privado.

O subsetor público (Sistema Único de Saúde – SUS) é aquele em que o Estado, por meio da arrecadação de impostos e contribuições sociais, financia e provê serviços nos níveis federal, estadual e municipal. Criado a partir da promulgação da Constituição de 1988, que definiu a saúde como *direito de todos e dever do Estado*, foi implementado a partir da década de 1990 com a Lei Orgânica da Saúde (Lei 8.080/90).[4] O SUS baseia-se nos princípios de *universalidade* (garantia de atenção à saúde a todo cidadão), *igualdade* (sem discriminação de qualquer tipo), *equidade* (nas condições de saúde, no acesso e oportunidade de uso dos serviços, oferecendo mais a quem precisa mais, procurando reduzir a desigualdade) e *integralidade* (integração das ações de promoção, prevenção, proteção e recuperação e reabilitação da saúde); e articulação dos serviços, com seus diversos graus de complexidade, para que possam prestar assistência integral e contínua.

O subsetor suplementar engloba variados tipos de planos privados e seguros de saúde, financiados, sobretudo, por empresas que oferecem o benefício a seus empregados, mas também contam com subsídios fiscais e recursos públicos diretos e indiretos. Em 2016, eram mais de 900 empresas de planos médico-hospitalares em atividade, que contavam com 47,9 milhões de usuários e movimentaram R$ 158,5 bilhões naquele ano.[5]

O subsetor privado fica entre os subsetores público e suplementar, preenchendo suas lacunas. Os serviços do subsetor privado incluem serviços com e sem fins lucrativos, financiados de diversas maneiras com recursos públicos e privados.[6] Há compartilhamento de serviços, equipamentos e circulação de usuários e profissionais entre os três subsetores.

A despeito da importante contribuição de diferentes atores, o único caminho possível para assegurar as condições mínimas de provimento de saúde para a maior parte da população é o fortalecimento do SUS, constitucionalmente, responsável pela cobertura de 100% da população, o que equivale a aproximadamente 208 milhões de pessoas.[7] Sendo assim, a precariedade do financiamento do SUS é tema central de debates na área da saúde. Estado e municípios devem destinar, respectivamente, 12% e 15%, de suas arrecadações, já a União não possui teto mínimo atrelado à receita. Até 2015, a de cálculo anual do orçamento federal para a saúde pela variação nominal do PIB, em vigor desde 2000 (EC 29),[8] foi substituída por novo regime (EC 86),[9] de percentuais sobre a receita corrente líquida (RCL), o que impôs mais perdas ao já insuficiente financiamento. Nova mudança na Constituição, a EC 95, diante da crise econômica, instituiu, em 2016, o Novo Regime Fiscal, impondo por 20 anos limites de gastos para as contas públicas, inclusive a saúde, cujo orçamento passa a ser o mesmo valor do ano anterior, apenas corrigido pelo Índice Nacional de Preços ao Consumidor Amplo (IPCA). Ou seja, mais um capítulo da história do crônico subfinanciamento público que impede a consolidação do SUS.

Apesar de muitos esforços dos estados e municípios serem despendidos a tais recursos público aplicados em saúde, o PIB não ultrapassou 4%, o que é considerado abaixo do praticado por outros países de sistema universal, que está em 6% e 10% do PIB.[10] No Reino Unido, os gastos públicos com saúde correspondem a 7,8% do PIB; na Alemanha, a 8,4%, e na Espanha a 6,6%.[11]

O mesmo pode ser verificado pelo gasto público *per capita*, que, em 2013, correspondeu a US$ 3.696 na Alemanha, US$ 3.360 na França e o equivalente a US$ 591 no Brasil. Ou seja, o gasto público *per capita* no Brasil foi entre 4 a 7 vezes menor que países europeus com sistema universal. O gasto brasileiro foi também menor que o do Chile, país sul-americano que, ao contrário do Brasil, não possui sistema universal de saúde.[12] A não adequação do financiamento público para o SUS, mesmo em tempos de ajuste fiscal, infligirá aos brasileiros um ônus intolerável, um imposto macabro de doenças e mortalidade.

A transição demográfica no Brasil precisa, necessariamente, ser considerada para a sobrevivência e o aprimoramento do SUS. O cenário de viabilidade de doenças, mortes e incapacitações é complexo. E, ao mesmo tempo em que o país está envelhecendo rapidamente – o que leva cada vez mais a um predomínio de condições crônicas –, ainda convivemos como os "velhos e conhecidos problemas", como as doenças infecciosas e parasitárias, causas maternas perinatais e incapacidade – e morte – associadas às causas externas, como a violência e os acidentes no trânsito.

Para fortalecer o sus, também é fundamental entender como ele é organizado e resolver os entraves que o "desorganizam". Segundo a mais atual regulamentação sobre a organização e o funcionamento do sus (Decreto 7508/2011),[13] o sistema público é constituído pela conjugação das ações e serviços de promoção, proteção e recuperação da saúde executados pelos entes federativos, de forma direta ou indireta, mediante a participação complementar da iniciativa privada, sendo organizado de forma regionalizada e hierarquizada. O acesso universal, baseado na avaliação da gravidade do risco e no critério cronológico, deve ser ordenado pelas "portas de entrada" do sus, que são os serviços de atenção primária, de urgência e emergência, de atenção psicossocial, e especiais de acesso aberto (a exemplo de serviços de HIV/aids e saúde do trabalhador). Já os serviços de atenção hospitalar e os ambulatoriais especializados, e aqueles de maior complexidade e densidade tecnológica, deveriam sempre ser referenciados pelas "portas de entrada". Dessa forma, estaria assegurada ao usuário a continuidade do cuidado em saúde, em todas as suas modalidades, nos serviços hospitais e em outras unidades integrantes da rede de atenção de cada região. Assim, a atenção básica deveria atender e resolver grande parte dos problemas de saúde da população nas Unidades Básicas de Saúde (UBS), oferecendo atenção curativa e preventiva (consultas, exames menos complexos, vacinação etc.) para a população residente em um determinado território delimitado.

A Estratégia Saúde da Família (ESF) é considerada mais efetiva do que o antigo modelo de atenção básica, porém só é acessível para 60%

dos brasileiros. O restante do país (aproximadamente 40%) ainda adota modelos antigos. Essa heterogeneidade contribui para desigualdades da qualidade do atendimento no país. No cenário ideal, casos mais complexos e urgentes deveriam ser encaminhados da atenção primária para níveis superiores na hierarquia da atenção. De modo geral, é no nível de atenção secundária, em Unidades de Pronto Atendimento, Hospitais Escola e Hospitais secundários, que são realizados os procedimentos de média complexidade e/ou especializados. Hospitais de Grande Porte ou de alta complexidade caracterizam o terceiro nível da hierarquia do sistema de saúde. Assim, embora a entrada possa ocorrer em qualquer nível da hierarquia, a principal porta de entrada do SUS é a atenção primária.

Na prática, o fluxo de pacientes entre a atenção primária e níveis superiores da hierarquia é desorganizado e sobrecarrega demasiadamente a atenção secundária e terciária. Frequentemente, os pacientes que chegam às UBSs são prontamente encaminhados para serviços mais complexos, seja por inabilidade ou ausência de equipe completa e especializada – notadamente o médico generalista –, ou falta de infraestrutura. Problemas de fluxo são interpretados pelo usuário como ineficiência da atenção básica e o induzem a recorrer diretamente a prontos-socorros e hospitais, contribuindo para a superlotação desses serviços. Uma vez nos níveis mais complexos, dificilmente o paciente com doenças crônicas é reencaminhado à atenção básica, realizando seu tratamento por completo no sistema secundário durante longo período, uma contribuição adicional para a superlotação da atenção secundária.

Problemas de fluxo podem ser exemplificados pelo descompasso entre a realização de exames e consultas médicas e cirurgias. Um caso recente, muito divulgado pela imprensa, foi a promessa da prefeitura de São Paulo de zerar a fila para realização de exames, através da iniciativa chamada "Corujão da Saúde". De fato, muitos exames foram realizados, porém a falta de articulação do sistema de saúde acabou por gerar enormes custos, sem que o problema de saúde fosse de fato resolvido, visto que, até hoje, uma grande parte dos usuários atendidos pela iniciativa ainda aguardam consulta com especialistas para os devidos encaminhamentos. Outro problema recente de fluxo foi a falta de vacinas disponíveis para atender à demanda que emergiu frente aos casos urbanos de febre amarela, intensificados em 2018.

A desorganização do sistema de saúde aumenta os gastos do setor. Um exemplo são as elevadas taxas de diagnóstico de câncer em estágio avançado, que exigem atendimentos complexos, menos resolutivos e mais caros. Isso acontece porque o paciente percorre um longo percurso até acessar o centro especializado e ser diagnosticado. O problema se reproduz na assistência por planos privados de saúde, onde a atenção básica é praticamente inexistente e o usuário procura o hospital após dificuldades de agendamento com o especialista e exames relacionados, ou ainda, o usuário procura diretamente um hospital, independentemente da gravidade de seus sintomas.

Aos problemas de fluxo descritos, somam-se desafios relacionados ao planejamento de saúde e à articulação interfederativa, todas questões de competência do sus, segundo o Decreto nº 7.508[14] mencionado anteriormente. O planejamento da saúde é obrigatório para os entes públicos, deve considerar os problemas específicos de cada região e deve induzir políticas para a iniciativa privada, de forma a também complementar lacunas do sus. Com base nas demandas dos Conselhos de Saúde, o planejamento deve compatibilizar as necessidades das políticas de saúde com a disponibilidade de recursos financeiros de forma ascendente e integrada, do nível local até o federal. Além das Ações e Serviços de Saúde, a integralidade da assistência à saúde inclui ainda a relação de medicamentos essenciais que podem ser usados no sus. A articulação interfederativa é regulamentada por um contrato (Contrato Organizativo da Ação Pública da Saúde) que deve identificar necessidades de saúde locais e regionais, metas, fiscalização das metas e responsabilidades dos entes federativos.

Um dos principais entraves do SUS é a não priorização da agenda da saúde pelos prefeitos e demais governantes. A falta de compromisso e o baixo financiamento generalizado no nível das prefeituras compromete toda estrutura do sistema de saúde, prejudicando particularmente a cobertura da assistência. Não é incomum que prefeituras menores desconsiderem a assistência básica e foquem na contratação de ambulâncias para transportar seus pacientes para serviços da região, sobrecarregando-os. As dificuldades de operacionalização do sistema num território tão extenso e com perfil socioeconômico tão heterogêneo como no Brasil é relevante e resulta em diferenças regionais gritantes. A qualificação e o tamanho das equipes de saúde são variados, bem como a disponibilidade de medicamentos e insumos básicos. Os usuários – e profissionais – do sistema enfrentam diversas barreiras (como longas distâncias, área de morros, falta de transporte público e ocupação do território pela criminalidade), que acabam por dificultar o uso e a prestação dos serviços de saúde.

Uma tentativa para resolver parte dos problemas de organização e gestão do sistema de saúde brasileiro é o modelo de gestão através de Organizações Sociais de Saúde (OSS), já hegemônico ao modelo tradicional de gestão direta dos governos municipais, estaduais ou federais. Na prática, o modelo das OSS tem apresentado uma série de problemas. Por exemplo, só no estado de São Paulo, há mais de 30 OSS em operação, cada qual com sistemas próprios de gestão, incluindo remuneração profissional diferente para um mesmo tipo de serviço. Apesar da existência de mecanismos estatais de controle das OSS, como a obrigatoriedade de publicação anual de suas contas e auditorias, é difícil gerir e uniformizar o atendimento de saúde das OSS. Tamanha variabilidade tem contribuído para desigualdade no acesso e qualidade no atendimento.

Considerada uma estratégia inovadora, as Parcerias Público-Privadas (PPP) são outro modelo de gestão vigente, em concomitância com as OSS e serviços providos diretamente pelo Estado.[15] Três aspectos das PPP as distinguem dos demais modelos: os parceiros possuem diferentes metas e distintas estratégias; os produtos, como serviços prestados, são para benefício de terceiros, seja ele o Estado, a sociedade ou o usuário de um serviço de saúde; sua proposta é para atuação por períodos longos. Atualmente mais frequente nas regiões Sudeste e Centro-Oeste, a implementação efetiva de novas PPS no setor de saúde requer articulação intensa entre os setores público e privado.[16] Ainda não há avaliação consistente sobre a comparação de modelos de gestão e seus impactos na melhoria da assistência e dos indicadores de saúde da população.

RECURSOS HUMANOS

A escassez de profissionais da saúde é um problema latente no país. No Brasil, a razão é de 2,1 médicos por 1000 habitantes, abaixo da média de 3,3 dos países da OCDE, e com importantes desigualdades de distribuição desses profissionais, tanto entre regiões, quanto entre níveis de atenção e entre os setores público e privado de saúde.[17] Relações mais produtivas entre o sistema de saúde e instituições de ensino superior poderiam colaborar para formar profissionais bem qualificados e em quantidade suficiente para suprir as necessidades da população. O Brasil possui milhares de instituições formadoras de profissionais da saúde, o que acarreta necessariamente na imperiosa necessidade de criar mecanismos de controle da competência dos egressos. Profissionais mal formados causam danos à saúde dos brasileiros e colaboram para a desorganização do sistema de saúde. A perda de capacidade de resolver as principais demandas de saúde nos níveis da atenção primária e secundária sobrecarrega o nível de atenção terciária, encarece o tratamento pela solicitação de exames desnecessários e, principalmente, prejudica o paciente pela demora na resolução dos seus problemas. Essa demora, em muitos casos, faz com que o quadro apresentado possa evoluir, comprometendo por vezes a possibilidade de cura. É interessante observar que, mesmo com o grande contingente de formados, o problema de desigualdade na distribuição dos profissionais pelo país persiste. Nesse cenário, talvez seja oportuno criar uma carreira específica para os profissionais da saúde, dando condições de alocação de profissionais competentes nas áreas carentes, à semelhança do que ocorre no Judiciário.

CONSIDERAÇÕES FINAIS

As seções anteriores deste capítulo apresentaram algumas informações básicas sobre o funcionamento do sistema de saúde no Brasil e alguns dos desafios fundamentais a serem enfrentados quando se objetiva alcançar um patamar mais eficiente de atenção à saúde. Tais desafios podem ser resumidos em quatro aspectos centrais: financiamento, gestão, acesso e qualificação dos profissionais. Para a melhoria desses pontos, são necessárias políticas consistentes. Como políticas devem, no melhor dos mundos, seguirem princípios gerais de bem comum. Passaremos agora a discutir os princípios que deveriam ser objeto de discussão pela sociedade.

O primeiro deles é que o Brasil necessita viabilizar de fato o Sistema Único de Saúde (SUS). O princípio da alternativa liberal de privatizar serviços e fazer aumentar o mercado de planos e seguros de saúde, por meio de produtos chamados "acessíveis ou populares" não é a melhor alternativa. É evidente que há instituições privadas de Saúde que apresentam nível de excelência excepcional, mas acesso restrito à maior parte da população. A saúde é um universo muito maior do que excelentes hospitais terciários. Mesmo esses, possuem em seus quadros profissionais formados nos hospitais públicos, o que implica a necessidade de manutenção da excelência nos dois sistemas.

Outro aspecto que justifica o foco deste texto na proposição de melhorias e consolidação do SUS é o elenco de soluções inovadoras e efetivas conquistadas pela saúde brasileira e que somente foram possíveis pela existência do Sistema Público de Saúde. O sistema nacional de transplantes, o sistema de hemocentros, o resgate de emergências e atendimento pré-hospitalar em situações de acidentes, o tratamento do HIV/aids, a distribuição de medicamentos para o controle de doenças crônicas não transmissíveis (como hipertensão e diabetes), os sistemas de vacinação capazes de imunizar milhões de brasileiros em apenas um final de semana, a produção nacional de vacinas para as doenças negligenciadas ou emergentes, a expansão da estratégia de saúde da família, são conquistas do SUS e exemplo para o mundo. Como consequência do SUS, os indicadores de saúde, como aumento contínuo da expectativa de vida ao nascer, redução das taxas de mortalidade infantil e a redução da mortalidade materna, obtiveram melhoras expressivas e substancialmente maiores do que a de outras áreas, como economia, educação, habitação e segurança pública.

Finalmente, o princípio de que o fortalecimento do SUS é necessário para a melhoria da saúde de toda população brasileira é também sustentado pelo fato de que muitos dos benefícios da medicina moderna, notadamente os de alta complexidade, somente serão acessíveis a um número maior de brasileiros através do SUS. Transplantes, tratamento oncológico, revascularização de miocárdio e diálise soariam como palavras ao vento para a maior parte dos brasileiros no caso de desmonte do SUS.

Feitas essas considerações, passaremos a apresentar algumas sugestões mais específicas que deveriam ser objeto de uma discussão mais aprofundada por parte de nossos governantes. O problema do custeio do sistema merece atenção central do governo. A má remuneração leva a um atendimento de pior qualidade, com consultas que, por vezes, não ultrapassam poucos minutos. Em minutos, não é possível ouvir um ser humano doente, ou sequer examiná-lo e cuidá-lo, mesmo superficialmente. Grande parte dos municípios brasileiros, notadamente os de pequeno porte, carece de quadro técnico para a melhoria da gestão do sistema de saúde local visando à redução de custos. Nesse cenário, fica mais fácil comprar uma ambulância e enviar os necessitados a outros municípios maiores, superlotando o sistema dos últimos. Uma sugestão para reduzir esse problema seria aprimorar o treinamento dos gestores locais, por meio de cursos presenciais ou mesmo a distância.

O treinamento dos gestores locais, por si só, não é suficiente. Muitos dos municípios localizados em regiões mais remotas, ou mesmo em zonas periféricas das grandes cidades, não conseguem fixar os profissionais de saúde na atenção básica. Como visto anteriormente, a melhoria da resolutividade na atenção básica é condição absolutamente necessária para reduzir os custos do sistema, bem como para organizar o fluxo dos pacientes, reservando o acesso aos níveis de atenção de maior complexidade para aqueles que realmente dele necessitam. Para tal, seria oportuno discutir então uma carreira de Estado para os profissionais de saúde da atenção básica, especialmente para as áreas onde há carência de profissionais. O programa Mais Médicos foi uma tentativa nesse sentido e poderia ser aprimorado. Por exemplo, talvez a atenção básica devesse, pelo menos em algumas regiões do Brasil, ter um profissional contratado diretamente pelo SUS e não pelas prefeituras. Mais ainda: é necessário que essa rede, para maior resolutividade, tenha pleno acesso a uma rede de Telemedicina, fazendo com que o médico generalista da atenção primária pudesse ter uma segunda opinião de especialistas, beneficiando tanto a resolutividade do sistema e, principalmente, a saúde da população.

Ainda na área de novas tecnologias de saúde, o profissional que está na ponta do sistema deve ser objeto de apoio e formação continuada. Parcerias consistentes e entre as universidades e o SUS, com fortalecimento da Universidade Aberta do Sistema Único de Saúde (UNA-SUS), e sua expansão, devem ser objeto de contínuo investimento e aprimoramento, especialmente no contexto atual, em que foi autorizada a abertura de muitas instituições formadoras de profissionais de saúde. Na falta de acesso à residência, esses profissionais irão procurar atuar na rede primária por algum tempo. Foi-se o tempo de contestar a existência de algumas dessas instituições no tocante à sua qualidade, pois é pouco provável que sejam fechadas. O momento é de apoiar e complementar a formação desses profissionais, através de expansão do programa de formação continuada em serviço.

Outra forma de melhorar a gestão do sistema e reduzir o seu custo é introduzir mais inteligência para a prevenção das doenças. O Brasil possui bons dados de saúde, mas é necessário melhorar a sua análise. O uso de tecnologia de *big data* e de simulação de sistemas complexos, técnicas frequentemente empregadas em outras áreas do conhecimento, deve ser expandido na área da saúde. Modelos preditivos de epidemias ou surtos de doenças infecciosas, análise de custo e efetividade de procedimentos e técnicas de tratamento devem ser objeto de exame contínuo, orientando sobre como o sistema deve se organizar para o futuro. Caso não ampliemos esse tipo de análise, sempre estaremos reagindo a um problema em detrimento do planejamento de prazo. Os exemplos recentes das doenças transmitidas por vetores mostram a importância do planejamento e da inteligência em ações da saúde. Respostas a perguntas importantes, como planejar o sistema de atenção para o envelhecimento da população, como prevenir a epidemia de obesidade, como garantir acesso aos tratamentos hoje disponíveis, necessitam de uma análise mais sofisticada e, portanto, é necessário induzir a formação desses profissionais a partir do sistema de pós-graduação. Um país que conseguiu desenvolver a tecnologia do pré-sal, certamente poderia ter um SUS capaz de solucionar os enormes desafios de um sistema de saúde no século XXI, ao invés de usar parte importante dos seus recursos com os "velhos problemas".

Outro aspecto que deve ser tratado para a redução de custos e melhoria da gestão do sistema é abordar de forma clara e transparente a judicialização da saúde. Em poucas palavras, "judicialização" é um termo cunhado para exemplificar os processos legais que buscam a efetivação do direito à saúde ou mesmo obrigam o sistema a fazer procedimentos ou adquirir remédios. A maior parte dos custos da judicialização da saúde fica por conta de medicamentos para doenças raras ou não regulamentados pelas autoridades de saúde. No geral, há boa intenção do juiz, mas há também exemplos de notável despreparo do Judiciário. A obrigatoriedade de fornecimento de um medicamento ineficaz (a fosfoetanolamina para o tratamento do câncer) ou exigir, por exemplo, a realização de um transplante de coração em 24 horas (esquecendo-se, por exemplo, de que é necessário haver um doador compatível) mostra que a ignorância também permeia muitas dessas decisões. O Brasil precisa tomar uma decisão, seja qual for ela, frente a esses pontos. Devemos investir muito em poucos, esquecendo-se que falta o pouco para muitos? Não se pode postergar essa decisão ainda mais.

O Sistema de Saúde deve também preparar-se para discutir temas que, embora não sejam de sua alçada direta, demandam recursos substanciais do sistema. O exemplo mais evidente fica por conta da prevenção, assistência e cuidados de reabilitação das vítimas da violência. Nos últimos 30 anos, pouco mais de um milhão de brasileiros morreram assassinados, número duas vezes superior às mortes da guerra civil de Angola, que teve aproximadamente a mesma duração. O trânsito, suas dezenas de milhares de mortes anuais e as muitas centenas de incapacitados indicam a magnitude e importância do tema. Falando de outra forma, um código de trânsito leniente e um sistema viário precário oneram a saúde. É interessante que raramente a saúde é chamada para discutir temas como o desarmamento, as leis de trânsito, os limites de velocidade. No entanto, não é possível ignorar a questão da violência no planejamento e custeio da saúde, mostrando que qualquer projeto de governo para a saúde deve necessariamente contemplar o planejamento e custeio do tratamento das vítimas de um Brasil tão violento.

Finalmente, há que se considerar a qualificação dos postulantes aos postos mais elevados da hierarquia da saúde do Brasil. Em nosso entendimento, a posição de ministro da Saúde não deveria ser objeto de acordos de coalizão partidária. No Brasil, o ministério da Fazenda raramente é ocupado por pessoas sem qualificação para tal, mostrando que os bancos e as corporações financeiras falam mais alto aos nossos presidentes do que as dificuldades da saúde da população. O Brasil teve excelentes ministros da Saúde, que honraram o cargo, mas intercalou estes exemplos de sucesso com personagens inexpressivos, efêmeros, que se detiveram a canalizar recursos da saúde para o seu território eleitoral. A taxa de emissão de bobagens, seja por ações ou por pronunciamentos exarados por esses senhores, chega a ser inacreditável em alguns casos específicos. Certamente, a existência de uma caricatura de ministro da Saúde não ajuda o Brasil a superar os graves problemas que o SUS enfrenta. Portanto, seria oportuno que os candidatos a presidente do Brasil indicassem com antecedência o perfil de quem ocupará o posto, assim como o fazem para a área econômica. O Brasil não suportará mais incompetentes na saúde.

* Colaboraram para este artigo: Ana Paula Takano, Laís Fajersztajn, Lisie Justo, Marcia Scazufca, Mariana Veras e Nathália Villa. Agradecimento ao professor Mario Scheffer, do Departamento de Medicina Preventiva da FMUSP, pela leitura e sugestões.

Notas

[1] IHME. University of Washington, 2016, disponível em <http://vizhub.healthdata.org/gbd-compare.>, acesso em 20 fev. 2018.

[2] Mario Scheffer e Ligia Bahia, "A saúde nos programas de governo dos candidatos a presidente da República do Brasil nas eleições de 2014: notas preliminares para o debate", *Revista Discente do Programa de Pós-Graduação em História – UFJF*, disponível em <http://www.ufjf.br/facesdeclio/files/2014/09/3.Artigo-D1MarioeL%C3%ADgia.pdf>, acesso em 25 fev. 2018. A atenção básica refere-se às UBS e ao PSF (Programa de Saúde da Família); por sua vez, a atenção secundária refere-se às AMAs e aos pequenos procedimentos como parto, por exemplo, mas que requerem ambiente hospitalar; por fim, a atenção terciária refere-se a procedimentos de alta complexidade, como transplantes, cirurgias oncológicas etc.

[3] Mario Scheffer e F. Aith, "O sistema de saúde brasileiro", em M. A. Martins et al., *Clínica médica*, Barueri, Manole, 2016, pp. 355-365.

[4] Brasil. Lei n. 8.080, de 19 de setembro de 1990. Dispõe sobre as condições para a promoção, proteção e recuperação da saúde, a organização e o funcionamento dos serviços correspondentes e dá outras providências. Disponível em <http://www.planalto.gov.br/ccivil_03/leis/l8080.htm>, acesso em 26 fev. 2018.

[5] ANS. Agência Nacional de Saúde Suplementar. 2016. Disponível em <http://www.ans.gov.br/aans/noticias-ans/integracao-com-o-sus/3824-em-2016-ans-cobrou-dos-planos-de-saude-r-1-6-bilhao-por-atendimentos-realizados-no-sus>, acesso em 26 fev. 2018.

[6] J. S. Paim, "A Constituição Cidadã e os 25 anos do Sistema Único de Saúde", *Cad. Saúde Pública*, 2013, disponível em <http://www.scielo.br/pdf/csp/v29n10/a03v29n10.pdf>, acesso em 6 fev. 2018.

[7] Instituto Brasileiro de Geografia e Estatística, "Projeção da população do Brasil e das Unidades da Federação", disponível em <https://ww2.ibge.gov.br/apps/populacao/projecao/>, acesso em 6 fev. 2018.

[8] Brasil. Emenda Constitucional n. 29, de 13 de setembro de 2000. Altera os arts. 34, 35, 156, 160, 167 e 198 da Constituição Federal e acrescenta artigo ao Ato das Disposições Constitucionais Transitórias, para assegurar os recursos mínimos para o financiamento das ações e serviços públicos de saúde. Disponível em <http://www.planalto.gov.br/ccivil_03/constituicao/emendas/emc/emc29.htm>, acesso em 26 fev 2018.

[9] Brasil. Emenda Constitucional n. 86, de 17 de março de 2015. Altera os arts. 165, 166 e 198 da Constituição Federal, para tornar obrigatória a execução da programação orçamentária que especifica. Disponível em <http://www.planalto.gov.br/ccivil_03/constituicao/emendas/emc/emc86.htm>, acesso em 26 fev. 2018.

[10] S. F. Piola et al., Estruturas de financiamento e gasto do sistema público de saúde, em Fundação Oswaldo Cruz, *A saúde no Brasil em 2030 - prospecção estratégica do sistema de saúde brasileiro: estrutura do financiamento e do gasto setorial*, Rio de Janeiro, Fiocruz/Ipea/Ministério da Saúde/Secretaria de Assuntos Estratégicos da Presidência da República, 2013. v. 4, pp. 19-70.

[11] L. Giovanella e K. Stegmüller. "Crise financeira europeia e sistemas de saúde: universalidade ameaçada? Tendências das reformas de saúde na Alemanha, Reino Unido e Espanha", *Cad. Saúde Pública*, 2014, 30(11): 2.263-81. Disponível em <http://www.scielo.br/scielo.php?script=sci_arttext&pid=S0102-311X2014001102263&lng=en. http://dx.doi.org/10.1590/0102-311X00021314>, acesso em 15 fev. 2018.

[12] Fabiola Sulpino Vieira e Rodrigo Pucci de Sá e Benevides. *Nota técnica n. 28. Os impactos do novo regime fiscal para o financiamento do Sistema Único de Saúde e para a efetivação do direito à saúde no Brasil*. Brasília, Ipea, setembro de 2016. Disponível em <http://www.ipea.gov.br/portal/images/stories/pdfs/nota_tecnica/160920_nt_28_disoc.pdf>, acesso em 15 fev. 2018.

[13] Brasil. Decreto n. 7.508, de 28 de junho de 2011. Regulamenta a Lei n. 8.080, de 19 de setembro de 1990, para dispor sobre a organização do Sistema Único de Saúde - SUS, o planejamento da saúde, a assistência à saúde e a articulação interfederativa, e dá outras providências. Disponível em: <http://www.planalto.gov.br/ccivil_03/_ato2011-2014/2011/decreto/d7508.htm>, acesso em 26 fev. 2018.

[14] Idem.

[15] C. Almeida, "Parcerias público-privadas (PPP) no setor saúde: processos globais e dinâmicas nacionais", *Cad. Saúde Publica*, 2017. Disponível em <http://www.scielo.br/pdf/csp/v33s2/1678-4464-csp-33-s2-e00197316.pdf>, acesso em 22 mar. 2018.

[16] Idem.

[17] Mario Roberto Dal Poz, "The Health Workforce Crisis", *Cad. Saúde Pública*, 2014, disponível em <http://www.scielo.br/pdf/csp/v29n10/en_a02v29n10.pdf>, acesso em 22 mar. 2018. Mario Roberto Dal Poz, Theresa Christina Varella e Maria Ruth dos Santos, Formação em Saúde: problemas e tendências, em *Saúde amanhã*, Rio de Janeiro, Fundação Oswaldo Cruz, 2015.

Jaime Lerner

Arquiteto e urbanista

Cidades

A RELEVÂNCIA DA QUESTÃO URBANA

O intenso crescimento e a urbanização da população mundial são fenômenos recentes na história da humanidade, mas trouxeram profundas transformações em nossas relações econômicas, sociais, políticas e ambientais.

Se essa revolução urbana é um "fato novo" na linha do tempo da civilização, sucedendo a Revolução Industrial em fins do século XVIII, no Brasil essas transformações são ainda mais recentes.

De acordo com dados do IBGE,[1] um brasileiro nascido em 1960 estaria acompanhado por outros 70 milhões de conterrâneos e teria mais de 50% de probabilidade de residir na área rural. Já aquele nascido hoje compartilharia sua cidadania com outros quase 210 milhões (208,5 é a estimativa do IBGE para 2017) e, possivelmente, estaria entre os quase 85% de residentes em áreas urbanas, número que se aproxima dos 94% na região Sudeste, a mais urbanizada do país.

Ainda que a agropecuária seja um segmento de grande importância na economia brasileira, sua participação no PIB[2] fica em torno dos 5%, enquanto as atividades de indústria e serviços, as quais são mais fortemente vinculadas ao ambiente urbano, participam com 22,2% e 72,8%, respectivamente. As cidades, em um cenário global, se consolidam cada vez mais como os motores da economia.

Entretanto, um crescimento tão vertiginoso deixou passivos importantes. Cerca de 42% dos esgotos urbanos não são sequer coletados.[3] As capitais brasileiras lançaram, sozinhas, 1,2 bilhão de m^3 de esgotos na natureza em 2013.[4] Situam-se em aglomerados subnormais,[5] de acordo com o Censo de 2010, mais de 3,2 milhões de domicílios – cerca de 11 milhões de pessoas,[6] dos quais quase 80% estão em cidades com mais de 2 milhões de habitantes. Estudos da Federação das Indústrias do Estado do Rio de Janeiro (Firjan),[7] divulgados em 2014, apontam que apenas em 2013 os congestionamentos de trânsito registrados nas regiões metropolitanas do Rio de Janeiro e de São Paulo geraram um custo econômico de R$ 98 bilhões.

Esses números não aparecem aqui para apontar um cenário de desesperança. A questão é, sobretudo, evidenciar que os grandes problemas que afligem o dia a dia da maioria dos brasileiros estão concentrados justamente nos nichos mais dinâmicos do país, onde há uma massa crítica econômica e social instalada, capaz de construir um futuro melhor.

O arcabouço institucional para trabalhar as áreas urbanas – o Estatuto da Cidade,[8] o Estatuto da Metrópole,[9] diretrizes para Planos de Habitação[10] e Mobilidade Urbana,[11] de alcance nacional – são instrumentos já postos. O Ministério das Cidades e a Caixa Econômica Federal têm elementos conjuntos para conceber e ajudar a implantar políticas públicas para nossas cidades. Há que se agir, mas uma ação inteligente. Lembrando a frase de Lewis Caroll, em *Alice no País das Maravilhas*, "para quem não sabe para onde vai, qualquer caminho serve...". Não podemos mais nos dar ao luxo de não saber para onde vamos e trilhar qualquer caminho.

QUAL O ESTADO DA ARTE?

Utopias urbanas – o planejamento da cidade ideal – têm longa trajetória na história. Uma das mais recentes e influentes deriva da Carta de Atenas, corolário do urbanismo moderno de 1933, a qual enfatiza a dimensão funcional da cidade e suas componentes básicas do morar, trabalhar, recrear e circular. Decorre de uma interpretação equivocada desses postulados o entendimento de que a cidade para ser resolvida precisa separar essas funções – interpretação essa que trouxe enorme prejuízo aos ambientes urbanos.

A cidade é – ou precisa ser – uma estrutura integrada de vida, trabalho e mobilidade. Não se pode fragmentar sua tessitura sob pena de se privar o organismo urbano justamente de sua força vital. Ainda que singela, gosto de usar a metáfora da tartaruga para ilustrar essa necessidade de integração; afinal, é um animal que vive atrelado à sua moradia e aos seus movimentos.

O que temos feito com as nossas cidades é quebrar o casco da tartaruga e espalhá-lo em várias partes – morar aqui, trabalhar lá, recrear acolá –, do que deriva uma estrutura urbana desconexa, espraiada, incompleta, dispendiosa: insustentável. Apenas para ilustrar esse ponto, o já referenciado estudo da Firjan coloca que, nas regiões estudadas, mais da metade das viagens se dá por motivos de trabalho ou estudo. É energia – combustível, tempo, vida – que se esvai em deslocamentos que poderiam ser muito minimizados a partir de uma estrutura urbana mais bem concebida.

Assim, o "estado da arte" da cidade seria um ambiente coeso, integrado em várias dimensões: a dimensão física, que entrelaça as soluções urbanas às características de sua base ambiental; a dimensão econômica, que constrói vocações a partir de seu patrimônio material e imaterial; a dimensão social, que é forjada na celebração da diversidade e no acolhimento das diferenças, matérias-primas da criatividade e inovação; e a dimensão simbólica, que faz da cidade o palco dos concertos, o cenário do encontro, o refúgio da solidariedade e da expressão da identidade. Em seu conjunto, essas facetas se traduzem na qualidade de vida que a cidade propicia aos seus habitantes, prova máxima de seu sucesso ou fracasso.

E não é, como muitos podem argumentar, uma questão de recursos. Algumas das cidades mais afluentes comprometeram seriamente seu futuro com intervenções caras e equivocadas como a canalização de rios e a construção de pesadas infraestruturas para acomodar as demandas do transporte individual. É uma questão de "pensarmos juntos tudo junto", ou seja, a construção do cenário compartilhado e a concepção de um desenho, de uma "espinha dorsal" de crescimento que integra – nunca fragmenta – as funções urbanas e que fomenta as oportunidades de encontro das pessoas no espaço da cidade.

O QUE FALTA, POR QUE FALTA?

Não consigo conceber a cidade senão como um sonho compartilhado guiado por uma visão de futuro. Construir esse sonho é vital. Sem ele, não haverá o engajamento da sociedade. É crucial que projetemos um desdobramento mais otimista do futuro, delineando cenários positivos que possam ser desejados pela maioria da população ao ponto no qual ela assumirá um compromisso com sua realização. Criar esse sonho, esse cenário, é um processo que reconhece e acolhe as visões múltiplas que gestores, cidadãos, planejadores, forças políticas e econômicas e sociedade civil têm de sua cidade. Demanda também a montagem de equações de corresponsabilidade, mecanismos de compartilhamento de compromissos e recursos entre as partes, cada qual no melhor de suas habilidades, para a consecução desse objetivo comum.

Cidades que vicejam sabem o que querem e criam uma clara agenda construtiva para tal. É essa visão de futuro que organiza, integra e dá coerência às múltiplas facetas do planejamento da cidade, estabelecendo prioridades e tempos, mobilizando recursos e atores. É a antítese de se deixar levar por tendências indesejáveis e consumir esforços apagando incêndios. Temos o hábito de projetar a tragédia e de nos "congratular" ao atingir o resultado indesejado – o tal "sabia que isso não ia dar certo...". Tendência não é destino. Cabe discernir aquilo que é fundamental do que é importante. Há que se identificar a essência e persegui-la com a ferramenta da simplicidade; fazer mais e melhor sem desperdícios.

A visão de futuro tem que responder a três questões básicas: qual o desenho da cidade (a estrutura que vai ordenar o seu desenvolvimento)? Do que vão viver seus habitantes? E como esses elementos se traduzem em maior qualidade de vida?

O desenho da cidade parte de sua base ambiental, das condicionantes e oportunidades colocadas pela natureza. Formações do relevo, da hidrografia, da vegetação são assim entendidos não como obstáculos ao desenvolvimento, mas como participantes da construção do cenário desejado.

O desenho da cidade faz diferença para o seu sucesso como estrutura urbana, antevendo como o seu crescimento será acomodado, orientando investimentos tanto públicos quanto privados. Deve perseguir uma forma compacta, utilizando adequadamente as densidades urbanas para a formação da paisagem; para a solução das infraestruturas; para a promoção da diversidade e integração dos usos, das tipologias edificadas, das faixas de renda.

Esse desenho antecipa o futuro, possibilitando aliar a pujança do setor imobiliário a favor da consolidação do cenário desejado. Uma cidade sem essa estrutura, onde apenas o valor da terra e os interesses setoriais (públicos e privados) guiam seu crescimento, condena-se a se transformar em uma metástase de expansão desordenada, que acabará por cobrar um preço alto em qualidade de vida da população.

Oportunidades e prosperidade são também componentes essenciais da qualidade de vida. A cidade precisa ter como sustentar a si, sem ficar fundamentalmente a mercê de transferências de outros níveis de governo para sua sobrevivência. Precisa também promover um ambiente adequado aos investimentos e ao empreendedorismo, de forma que seus cidadãos tenham como sustentar a si próprios com dignidade. A cidade precisa, assim, cultivar uma base econômica sólida, diversificada, calcada em suas vocações – existentes ou potenciais.

É parte da visão de futuro desenvolver essas vocações e buscar os elos que as conectarão aos diversos ambientes nos quais poderão ser exercidas. Ter uma perspectiva territorial mais ampla ajuda as cidades a atingir economias de escala. *Pari passu*, cabe identificar quais os investimentos necessários, em capital humano e infraestrutura, para alavancar esses atributos e montar as equações de corresponsabilidade para a sua realização. São objetivos que requerem visão de longo prazo, ancoradas em ações concretas no presente. A cidade boa para viver é também a cidade boa para investir.

COMO SOLUCIONAR?

Os desafios urbanos são também uma questão de escala. Não é possível aplicar um "receituário" padronizado para 5.565 municípios que diferem substantivamente em extensão territorial, localização geográfica, disponibilidade de infraestrutura, tamanho de população, dinâmica socioeconômica e hierarquia na rede urbana nacional. Justamente por isso a construção da visão de futuro é intrínseca a cada local.

O quadro a seguir organiza os municípios brasileiros em faixas de população.[12] Verifica-se, por exemplo, que 21% da população do país se concentra em 15 cidades com mais de 1 milhão de habitantes;

33% estão em municípios com menos de 50 mil habitantes; e os 46% restantes estão em cidades "médias" de diversos tamanhos e são, em termos de incremento populacional, a faixa que percentualmente mais cresceu nos últimos anos.

População	Número de cidades	Censo 2010 População Municipal	% da População
Mais de 5 milhões de hab.	2	17.573.949	9%
Entre 1 e 5 milhões de hab.	13	22.586.457	12%
Entre 500 mil e 1 milhão de hab.	23	15.711.100	8%
Entre 200 e 500 mil hab.	95	28.486.417	15%
Entre 50 e 200 mil hab.	475	42.392.958	22%
Entre 20 e 50 mil hab.	1.043	31.344.671	16%
Menos de 20 mil hab.	3.914	32.660.247	17%
Total	5.565	190.755.799	100%

O Estatuto das Cidades, por exemplo, define que todos os municípios com mais de 20 mil habitantes precisam elaborar planos diretores. Aqueles com população superior a 200 mil, além dos planos diretores, precisam elaborar planos setoriais (mobilidade, habitação etc.). A Constituição Federal de 1988 transferiu aos estados a atribuição de criar Regiões Metropolitanas. Atualmente há quase 70 desses recortes na rede urbana nacional,[13] que concentram mais de 50% da população do país. Todos os municípios que fazem parte de regiões metropolitanas, independentemente de sua população, devem ter Planos Diretores.

O Estatuto da Metrópole mais recente coloca para as regiões metropolitanas o desafio de construir um planejamento integrado para aquelas funções como saneamento, transporte, habitação, que transcendem as fronteiras municipais.

Ou seja, o desafio do planejamento é, inclusive, uma exigência legal. Sendo assim, por que tão poucos municípios alcançam um sucesso efetivo nessa tarefa?

Perdemos um tempo incrível elaborando diagnósticos exaustivos, tentando ter todas as respostas antes de começar. Há uma grande diferença entre se ter uma boa leitura da realidade, a fim de "não se errar o problema", e a covardia de se esconder atrás de burocracias protelatórias que nos esquivam de tomar posições. Inovar é começar. O futuro representa um compromisso constante com a inovação – da qual a ação não se separa. O planejamento é um processo, uma trajetória, que pode ser corrigido sempre, se estivermos atentos a ele e às respostas que a população nos dá. Permite também uma tática "incremental", ou seja, partir de uma ideia e aperfeiçoá-la, expandi-la *a partir de sua implantação*, consolidando sistemas maiores e mais elaborados, dentro de um princípio norteador. Não basta planejar, tem que realizar!

A construção pactuada de uma visão de futuro busca responder à questão básica, que todos nós nos deparamos: o que você quer ser quando crescer? O olhar para o futuro com os pés no presente, que nos levarão, passo a passo, muitas vezes com ajustes no percurso, ao objetivo desejado.

Uma capital como São Paulo, centro financeiro mundial, metrópole cosmopolita, pode almejar ser uma cidade global, mas não pode descuidar de construir estratégias de integração contínua para que todos os seus cidadãos possam usufruir de sua prosperidade.

Pequenos municípios têm o desafio de construir uma base econômica que possibilite o desenvolvimento local, cultivando vocações atreladas a dinâmica da região onde se inserem, cabendo aos estados/União auxiliar e articular investimentos de infraestrutura – principalmente de transportes e comunicação – que facilitem/ampliem a conexão dessas áreas. Sabe-se que à medida que a população da cidade diminui, até pela forma como os tributos no país se organizam, aumenta a dependência das prefeituras de transferências da União e dos estados.

Municípios metropolitanos têm que conceber estratégias para que seus melhores talentos não sejam "sugados" para os polos, diversificando as ofertas culturais, de lazer, de trabalho, de encontro para a população.

Cada cidade, em sua escala particular, precisa fazer brilhar a chama da oportunidade – especialmente para os jovens.

POR ONDE COMEÇAR?

Para além dos temas de educação, saúde, segurança, atenção à criança e ao idoso, que certamente fazem parte da agenda da sociedade, três temas são particularmente estratégicos no planejamento da cidade: sustentabilidade, mobilidade, identidade/sociodiversidade/coexistência.

Sustentabilidade

O debate sobre sustentabilidade tem gerado muita perplexidade, derivada principalmente da inércia de não saber como lidar com a questão. A ideia principal é focar no que sabemos sobre o problema, utilizando coisas simples da rotina das cidades como parte da solução.

É na concepção da cidade que as maiores contribuições para a sustentabilidade podem ser dadas, gerando uma forma urbana que ajude a preservar os territórios vocacionados à conservação ambiental, à agropecuária, ao abastecimento público, entre outros, e que favoreça a economia de tempo e energia nos deslocamentos.

Maior sustentabilidade é menor desperdício. De tempo, de energia, de recursos. Viver perto do trabalho, trabalhar perto da moradia. Procurar ofertar próximo da moradia todos os serviços e amenidades que a pessoa busca em seu cotidiano. Usar menos o carro nos deslocamentos do dia a dia. Separar o lixo reciclável. São atitudes que podem estar ao alcance de todos, principalmente quando houver ações na sociedade nesse sentido para lhes dar respaldo.

Podemos olhar alguns parques de Curitiba dentro dessa perspectiva. São espaços públicos que desempenham múltiplos serviços para a cidade: protegem remanescentes florestais importantes; previnem a ocupação de áreas de maior fragilidade; oferecem oportunidades de lazer, entretenimento, contemplação; criam referências urbanas e convidam ao encontro. O conjunto se traduz na melhoria da qualidade de vida dos curitibanos. Porém, é importante recordar que eles só existem porque foram pensados como parte de uma concepção maior que, além de ponderar todos esses elementos, optou por desenvolver um sistema de macrodrenagem urbana: ao invés de canalizar os rios, deixou-os seguir os meandros de seu curso natural, protegeu suas várzeas e criou, com os lagos e a utilização de cavas, bacias de contenção de cheias. É o desenho da cidade trabalhando em prol da sustentabilidade.

Uma cidade sustentável não pode se dar ao luxo de deixar bairros e ruas com boa infraestrutura e serviços ociosos. A sustentabilidade é "inimiga" do desperdício. As áreas centrais não podem ficar vazias durante grandes porções da noite. É necessário completar o *mix* urbano com as funções que estão faltando. A cidade "24 horas" e infraestruturas e equipamentos de usos múltiplos são essenciais.

Mobilidade

A mobilidade hoje é um dos maiores desafios com os quais as cidades se deparam. Seu mau equacionamento é um sorvedouro de prosperidade e qualidade de vida. O enfrentamento da questão passa por uma estrutura urbana mais bem equilibrada, que aproxima os destinos por meio de seu desenho e pela mistura de funções, à qual a rede de mobilidade se associa.

Costumo dizer que o carro é o cigarro do futuro, no sentido de que seu uso dentro da cidade será cada vez mais restrito e socialmente menos aceito. O espaço que um carro consome na cidade (podemos imaginar quase 50m^2, sendo 25m^2 em uma garagem no domicílio mais outros tantos no estacionamento do trabalho, por exemplo – ou seja, o equivalente a uma pequena casa/apartamento) é muito dispendioso. Há que se valorizar o espaço do pedestre; o protagonismo tem que ser das pessoas e sua escala. Cidades mais saudáveis, com melhor qualidade de vida, são aquelas em que o carro não é a única opção qualificada de deslocamento, são aquelas onde caminhar ao longo das ruas, avenidas, praças e parques é encorajado.

A prioridade nas soluções de mobilidade de massa tem que ser dada ao transporte público, utilizando da mais eficiente e melhor maneira possível todas as opções de deslocamento disponíveis: ônibus, metrô, trem, carros, táxis, bicicletas. A chave reside em não ter sistemas competindo no mesmo espaço; na combinação, integração, e operação inteligente daquilo que existe.

Acredito que o futuro do transporte esteja na superfície, particularmente, no ônibus – com avanços em seu conforto, movido a energia limpa –, devido a sua maior flexibilidade, menor custo e maior agilidade na implantação. Com as características adequadas, tais como canaletas exclusivas, embarque pré-pago e em nível e frequência elevada é possível alcançar um desempenho similar ao metrô. Trata-se de "metronizar" o ônibus.

Ainda em termos de melhorar a mobilidade, é fundamental entender que os sistemas de transporte são mais que um conjunto de linhas: são uma rede, e que necessitam funcionar como tal. A concepção de rede facilita a implantação do sistema em etapas, mas convergindo para um conjunto completo.

A Rede Integrada de Transportes de Curitiba (RIT) foi desenvolvida dentro dessa lógica. Começou em 1974, quando duas linhas de "ônibus expressos" começaram a operar nos primeiros 20 quilômetros de canaletas exclusivas, carregando 54 mil passageiros/dia. Transporta hoje mais de 2 milhões/dia em um sistema integrado. Com a alcunha de Bus Rapid System (BRT), inspira soluções de mobilidade urbana em 165 cidades no mundo.[14]

Outra estratégia para melhorar as condições de mobilidade na cidade é a adoção de veículos "privados" sem propriedade privada, a exemplo das bicicletas *Velib* em Paris, que, acredito, irão participar cada vez mais das viagens intraurbanas. Essa opção complementa as redes de transporte de maior capacidade, suprindo a necessidade de deslocamentos ponto a ponto em trajetos curtos e médios sem que o usuário precise onerar o sistema viário com o seu próprio veículo. Há vários sistemas embrionários com pequenos veículos elétricos nessa modalidade *car sharing,* pagando-se pela sua utilização por tempo utilizado.

Identidade, sociodiversidade, coexistência

Identidade, autoestima, sentimento de pertencimento, todos estão fortemente conectados aos pontos de referência que as pessoas têm no espaço onde vivem. Identidade é um fator preponderante da qualidade de vida urbana; representa a síntese do relacionamento entre o indivíduo e sua cidade.

As referências urbanas são de múltiplos tipos. Centros históricos com seus bens tombados são pontos de referência importantíssimos, intimamente relacionados à memória da cidade desde sua fundação. Entretanto, essas áreas frequentemente sofrem com processos de desvalorização e degradação. Encontrar formas de manter esses distritos vibrantes conectando elementos de identidade, reciclando usos superados e acolhendo um *mix* diversificado de funções é fundamental.

A geografia da cidade como um todo – como ruas e edifícios estão implantados sobre a base natural – é crucial ao fortalecimento do sentimento de pertencimento dos habitantes de uma comunidade. Os rios, por exemplo, são importantes pontos de referência. Como conceber Paris sem o Sena, Londres sem o Tâmisa, Roma sem o Tibre, ou Nova York sem o Hudson? Ao invés de escondê-los da vista enterrando-os em concreto, as cidades deveriam estabelecer suas margens como territórios valiosos. Ao respeitar as características da drenagem natural, elas podem garantir que essas áreas preservadas forneçam os canais necessários ao escoamento de enchentes episódicas, enquanto são utilizadas na maior parte do tempo para recreação, contemplação, práticas esportivas, entretenimento de seus habitantes a um custo viável e de uma forma leve ao meio ambiente.

Existem ainda os elementos que são imateriais, mas que permeiam as diversas camadas da identidade de uma cidade. Os traços culturais, hábitos e manifestações artísticas das diferentes etnias que a compõe são um exemplo. É importante criar, no meio urbano, espaços públicos onde essas múltiplas características possam ser exibidas e compartilhadas.

O senso cívico, o convívio do coletivo, a descoberta do outro, a construção de uma identidade comum têm como palco por excelência o espaço público – parques, praças, jardinetes, equipamentos comunitários e ruas. Espaços públicos em quantidade suficiente, bem desenhados e bem tratados, refletindo o zelo e o apreço que a sociedade – cada um de nós – tem por eles.

As possibilidades de fricção, encontro e troca que se dão nos espaços públicos criam sinergias que alimentam o potencial criativo e inovador que são atributos das boas cidades, fontes não só de bem-estar, mas também de prosperidade e novas oportunidades econômicas.

O sentido de pertencimento a uma comunidade precisa ser agregado ao mosaico urbano pela amálgama do respeito e valorização da diversidade. O não reconhecimento do outro, a falta de solidariedade e de sentido do bem comum alimentam o sentimento de exclusão e a violência. É boa a cidade que é boa para todos.

A cidade tem que ser o cenário do encontro, da acolhida. É o espaço que agrega e integra – quanto maior a mistura, mais humana ela será. Cidades democráticas não têm guetos de pobres nem de ricos. A "sociodiversidade" compreende a necessidade de acolher e celebrar a multiplicidade de diferentes povos, idades, credos, raças e rendas que a compõem, ao mesmo tempo em que se preservam as características que definem a identidade de cada uma. É isso que ajudará a garantir a coesão social e, no limite, a segurança urbana.

UMA ESTRATÉGIA DE CONVERGÊNCIA

Parte intrínseca da elaboração da visão de futuro é divisar as formas de implantá-la, o seu "fazejamento", momento em que muitas iniciativas bem-intencionadas soçobram.

Parte-se do ponto já referido que essa construção conjunta deve ser um esforço coletivo, capaz assim de gerar sinergias mais duradouras. Mas é também onde se concertam interesses por vezes divergentes. A busca do consenso absoluto é um devaneio que em última instância leva a paralisia. O dissenso é da natureza da democracia, a qual compreende certo grau de conflito a ser arbitrado pela própria sociedade, ainda que os mecanismos existentes sejam imperfeitos. É uma percepção equivocada que simplesmente ao ampliar fóruns de participação, pensando substituir a democracia participativa pela direta, iremos conseguir resultados melhores. Na maioria dos casos, consegue-se um assembleísmo fortuito.

Não se trata em absoluto de retornar a uma visão já superada do planejamento que o restringe às esferas técnicas, ou achar que as forças políticas e de mercado se autorregulam a favor do bem comum. A participação do cidadão é importante e um exercício cívico. Mas não há direitos sem deveres. Trata-se de evidenciar, a todos os envolvidos, na medida de suas atribuições, o conceito de "*accountability*", ou seja, assumir plenamente, com ética, suas responsabilidades e prestar contas de seus atos a todos a quem for de direito. Ou seja, o "casamento" da responsabilidade e da transparência.

Desse "casamento" derivam as equações de corresponsabilidade, a forma de se compartilharem os compromissos e de se orquestrarem os recursos de todas as fontes disponíveis, de forma clara, integrada e sem desperdícios, a fim de se realizarem os objetivos partilhados.

É da natureza do planejamento que ele seja um processo, e como tal precisa de tempo. Reforço que é uma trajetória que pode ser corrigida, calibrada a qualquer momento. Não é um acúmulo de procedimentos burocráticos, é um trabalho de percepção e sensibilidade, no qual a comunicação é fundamental.

É um dito sacramentado que uma imagem vale mais do que mil palavras. Precisamos ver para crer. Isso também é verdade para as cidades e seu planejamento. Precisamos ter respostas concretas executadas no curto prazo, em sintonia com os objetivos longevos, que criam sinergias no tempo.

Entram em cena intervenções estratégicas pontuais que ajudam na sua consolidação. São as "Acupunturas Urbanas", ações pontuais, focadas, rápidas, precisas na cidade, capazes de catalisar esforços, criar novas energias e estabelecer o efeito demonstração que ajuda a consolidar diretrizes de mais longo prazo. Podem ser em espaços deprimidos da cidade, ajudando a trazer vida; cicatrizes na paisagem, recuperadas para novos usos; podem ser efêmeras, ficando presentes apenas o tempo em que forem úteis. Podem também ajudar a orquestrar as forças políticas, pois há um descompasso entre o tempo do planejamento, que abraça diretrizes que em parte são de longo prazo, e o tempo dos governantes, que trabalha com um cenário de quatro anos. As "Acupunturas" podem fazer a costura entre esses tempos, permitindo ao governante imprimir a sua marca dentro do esforço geral.

Da parte dos governantes, é necessário ter vontade. E entender que a continuidade gera credibilidade, ou seja, é aceitável dar sequência a ações de gestões anteriores, (ainda que de adversários políticos) dentro do arcabouço definido como prioritário pelo conjunto da sociedade e expresso na visão de futuro pactuada.

CIDADE NÃO É PROBLEMA, CIDADE É SOLUÇÃO

Paira uma concepção quase generalizada que cidades/metrópoles são em sua maioria aglomerações disformes com baixa qualidade de vida;

caóticas e violentas, elas são o sítio de uma batalha em curso. Desse ponto em diante, acreditar que estão condenadas é apenas um passo.

Entretanto, eu defendo que uma cidade, qualquer cidade, que assim o desejar, pode ser transformada para melhor em um período de tempo relativamente curto – dois, três anos.

Mas para isso é necessário que se derrame sobre elas um olhar mais generoso. Em vez de tê-las como problema, devemos enxergá-las como parte fundamental das soluções que o país demanda. Cada cidade, da maior a menor delas, é um laboratório vivo da realização humana. Como tal, qualquer uma pode fazer a sua transformação, tanto mais profunda e promissora quanto maior a nossa capacidade de criar sinergias positivas ao racionalizar instrumentos já existentes; eliminar estruturas conflitantes; integrar ações; interagir esforços.

Como construção humana por excelência, as cidades devem ser acalentadas. Elas são o refúgio da solidariedade. Elas podem oferecer salvaguardas às consequências desumanas dos processos de globalização, defender-nos da extraterritorialidade e da falta de identidade.

Por outro lado, as batalhas mais aguerridas estão acontecendo nas cidades, em suas periferias marginalizadas, no confronto entre guetos ricos e pobres; os maiores ônus ambientais estão sendo gerados pela nossa falta de empatia pelas gerações presentes e futuras. E é exatamente por isso que é em nossas cidades onde podemos conquistar os maiores ganhos ambientais, econômicos e sociais.

Isso requer um grande esforço, integrado e intensivo, mas plenamente ao nosso alcance. Não se pode utilizar a eterna desculpa de que não há recursos. A criatividade começa quando se corta um zero do orçamento; a sustentabilidade, dois. Buscar o simples, não o simplório. A simplicidade com precisão é uma das chaves para se quebrar a inércia que compromete a qualidade de vida de nossas cidades.

Estamos acostumados à frase de que o Brasil é o país do futuro. É irônico, contudo, que o país do futuro não tenha um plano, um projeto, uma visão do que quer ser. Passam-se décadas de oportunidades perdidas e recursos desperdiçados aguardando um futuro que nunca chega, e que nem vai chegar, pois estamos à deriva. Qualquer caminho já não mais nos serve. As cidades podem ser parte do nosso caminho.

Notas

[1] Disponível em <https://cidades.ibge.gov.br/brasil/panorama>, acesso em 4 fev. 2018.
[2] Disponível em <http://datasebrae.com.br/pib/>, acesso em 8 abr. 2018, com informações do Sistema de Contas Nacionais do Instituto Brasileiro de Geografia e Estatística para o 3º trimestre de 2017.
[3] Disponível em <http://www.snis.gov.br/diagnostico-agua-e-esgotos/diagnostico-ae-2015>, acesso em 4 fev. 2018.
[4] Disponível em <http://m.tratabrasil.org.br/saneamento-no-brasil>, acesso em 21 mar. 2018.
[5] Pela definição do IBGE, conjunto constituído de, no mínimo, 51 unidades habitacionais (barracos, casas, etc.) carentes, em sua maioria de serviços públicos essenciais, ocupando ou tendo ocupado, até período recente, terreno de propriedade alheia (pública ou particular) e estando dispostas, em geral, de forma desordenada e/ou densa. Disponível em <https://biblioteca.ibge.gov.br/visualizacao/periodicos/552/cd_2010_agsn_if.pdf>, acesso em 8 abr. 2018.
[6] Disponível em <http://www.brasil.gov.br/governo/2010/09/ibge-diz-que-numero-de-pessoas-que-moram-no-mesmo-domicilio-caiu>, acesso em 4 fev. 2018.
[7] Disponível em <http://www.firjan.com.br/publicacoes/publicacoes-de-economia/os-custos-da-imobilidade-nas-regioes-metropolitanas-do-rio-de-janeiro-e-sao-paulo.htm>, acesso em 4 fev. 2018.
[8] Disponível em <http://www.planalto.gov.br/Ccivil_03/leis/LEIS_2001/L10257.htm>, acesso em 4 fev. 2018.
[9] Disponível em <http://www.planalto.gov.br/ccivil_03/_ato2015-2018/2015/lei/l13089.htm>, acesso em 4 fev. 2018.
[10] Disponível em <http://www.urbanismo.mppr.mp.br/arquivos/File/Habitacao/Material_de_Apoio/PLANONACIONALDEHABITAO.pdf> e em <http://www.planalto.gov.br/ccivil_03/_ato2015-2018/2015/lei/l13089.htm>, acesso em 4 fev. 2018.
[11] Disponível em <http://www.cidades.gov.br/images/stories/ArquivosSE/planmob.pdf>, acesso em 4 fev. 2018.
[12] Disponível em <https://sidra.ibge.gov.br/Tabela/1378>, acesso em 4 fev. 2018.
[13] Disponível em <https://agenciadenoticias.ibge.gov.br/agencia-noticias/2012-agencia-de-noticias/noticias/9868-brasil-tem-tres-novas-regioes-metropolitanas.html>, acesso em 4 fev. 2018.
[14] Disponível em <https://brtdata.org/#/location>, acesso em 11 fev. 2018.

Nabil Bonduki

Professor titular da Faculdade de Arquitetura e Urbanismo da USP

Moradia

A HABITAÇÃO COMO BEM ESSENCIAL E DIREITO SOCIAL

A moradia é essencial para a vida e sobrevivência dos seres humanos, que desde os primórdios buscaram um abrigo para se proteger dos fenômenos naturais e agregar seu núcleo familiar. Com a evolução das civilizações, modos específicos para enfrentar esse problema foram desenvolvidos.

Cada sociedade, com suas especificidades econômicas, sociais, ambientais, religiosas e culturais, constituiu diferentes modos de morar, intimamente relacionados com a organização familiar. Por isso, inexiste um modelo ideal, universal e padronizado do que seria uma moradia adequada. A forma que assume a moradia é histórica, social e culturalmente determinada.

As sociedades contemporâneas no mundo ocidental, a partir da revolução industrial e da intensa urbanização dos séculos XIX e XX, que influenciaram fortemente o Brasil urbano, adotaram a família nuclear como sua organização básica. Em consequência, prevaleceu o conceito da moradia unifamiliar, enunciada na expressão popular "quem casa quer casa", ou seja, cada família nuclear deve ter sua moradia.

O higienismo, aliado ao moralismo burguês cristão, reforçou o conceito de moradia unifamiliar, chamada de moradia salubre, em clara oposição aos cortiços e casas coletivas, em sintonia com as políticas sanitárias e a moral da segunda metade do século XIX e início do XX.

Esse modelo, embora inacessível para os trabalhadores de baixa renda, era defendido por um discurso que reivindicava isenções estatais para construir casas modestas, mas unifamiliares e salubres, com um programa mínimo baseado em uma pequena sala, uma cozinha, um banheiro e três quartos, ou no mínimo dois, pois a convivência entre o casal e os filhos era moralmente inaceitável. Esse programa se consolidou e ainda hoje é considerado a referência para os projetos de habitação social.

Fortemente associada aos ideais da social democracia europeia dos anos 1920, os Congressos Internacionais de Arquitetura Moderna (CIAMs) formularam alguns conceitos fundamentais de política pública urbana, como a habitação mínima, entendida como o espaço mínimo necessário para satisfazer as necessidades humanas, e a noção de que a habitação não podia se limitar à moradia individual familiar, devendo ser conectada a serviços de infraestrutura e complementada com equipamentos sociais e áreas verdes.

A habitação torna-se uma questão urbana, sendo indispensável a intervenção do Estado, seja para garantir o acesso àqueles que não têm renda para alugar ou adquirir uma moradia, seja para prover os equipamentos públicos coletivos.

Esses conceitos parametrizam, até hoje, os padrões básicos da habitação digna, referência para os projetos habitacionais e para o cálculo do déficit habitacional. Embora novas formas de arranjos domiciliares tenham se desenvolvido nos dias atuais, na essência o programa da habitação mínima não se alterou.

A consolidação de uma visão ligada ao Estado do bem-estar social, onde os direitos urbanos devem ser atendidos, justificou a intervenção do Estado na produção, regulamentação e financiamento da habitação social, mesmo nas sociedades capitalistas onde a moradia nunca deixou de ser uma mercadoria.

Como o mercado não garante o acesso à moradia digna, cujo custo é incompatível com a capacidade de pagamento de uma família de baixa renda, a formulação de políticas públicas de habitação tornou-se indispensável, incluindo a regulamentação dos aluguéis e a criação de fundos voltados a financiar e/ou produzir a habitação.

A moradia é o bem essencial mais caro que uma família necessita para viver com dignidade. Desempenha um papel central na estratégia de sobrevivência das famílias. Além das funções de proteção e de acolhimento familiar, ela também exerce um papel importante na complementação de renda, compatibilizando o uso residencial com uma atividade econômica, como prestação de serviços ou pequeno comércio.

Embora o acesso a uma moradia não requeira necessariamente a sua propriedade, para as famílias pobres a casa própria é essencial, pois garante segurança contra as incertezas da velhice, aposentadorias insuficientes e problemas de saúde, assegurando uma renda adicional com o aluguel de parte da moradia ou o alojamento de familiares.

A ausência ou insuficiência da ação do Estado na provisão de habitação social geram ações espontâneas ou movimentos organizados para suprir, ainda que precariamente, a falta de moradia. No Brasil, assentamentos precários (loteamentos clandestinos, favelas, ocupações, alagados, áreas de risco etc.) se proliferam em todas as cidades. Neles as famílias autoempreendem a construção de alojamentos sem condições de habitabilidade, convivendo com a coabitação, o superadensamento, a ausência de saneamento etc., problemas que afetam milhões de brasileiros.

PROCESSO DE URBANIZAÇÃO NO BRASIL E A DIMENSÃO DO PROBLEMA HABITACIONAL

Até meados dos anos 1990, inexistia no país conceituação e estudos técnicos, baseados em dados confiáveis, para quantificar as necessidades habitacionais do país. Os números de déficit divulgados até então eram avaliações sem qualquer base.

Em 1996, a Fundação João Pinheiro (FJP), em parceria com a Secretaria de Política Urbana do Ministério do Planejamento, formulou uma conceituação de necessidades habitacionais, utilizando dados do IBGE (Censos Demográficos e PNADs), que se tornou a principal referência para quantificar as necessidades habitacionais acumuladas, divididas em déficit quantitativo e qualitativo.

Em 2007, o Plano Nacional de Habitação (PlanHab) introduziu as demandas demográficas futuras como parte das necessidades habitacionais, ampliando o conceito e superando a ideia de que seria possível enfrentar o problema apenas zerando o déficit acumulado.

Segundo a metodologia da FJP, assumida pelo governo federal, o déficit qualitativo era representado pelas famílias que dispõem de uma moradia com deficiências, como falta de alguma infraestrutura básica, enquanto que o déficit quantitativo identifica as famílias que não têm uma moradia, vivendo em coabitação, em alojamentos improvisados ou rústicos, em moradia alugadas com adensamento excessivo ou que despendiam mais de 30% de sua renda com o aluguel.

O estudo possibilitou relacionar o tipo de necessidade habitacional com a intervenção pública que a situação requeria. O déficit quantitativo expressa o déficit acumulado de unidades novas, ou seja, quanto é necessário produzir, ao passo que o qualitativo revela a necessidade de complementação da infraestrutura e reforma ou ampliação da unidade habitacional.

Esse conceito incorpora a cidade real e informal como um fato irreversível que requer urbanização e regularização fundiária, mas não necessariamente uma unidade nova.

A demanda demográfica, adotada pelo PlanHab, refere-se às necessidades futuras de moradia, em um prazo previamente definido, representada pela formação de novas famílias e pelas famílias migrantes que se deslocam internamente no país, requerendo uma nova moradia no local de destino.

Em 2007, quando foi elaborado o PlanHab com o objetivo de equacionar o problema de habitação, o déficit qualitativo atingia 9,8 milhões de domicílios com algum tipo de carência; o déficit quantitativo acumulado, 7,2 milhões de unidades habitacionais (93% na faixa que requer subsídio do Poder Público) e a demanda futura, considerando o horizonte temporal de 15 anos, 27 milhões de unidades, dos quais 63% (17 milhões) estavam no grupo que requeria pelo menos uma parcela de subsídio para conseguir financiar a aquisição de uma moradia.

Esses números expressam o enorme desafio a ser enfrentado. Refletem, no que se refere ao déficit acumulado, a ausência ou insuficiência das políticas urbanas e habitacionais até então adotadas, que geraram situações de precariedade habitacional ou de absoluta falta de moradia que levaram essas famílias a coabitar a moradia de algum parente ou se alojar em condições totalmente improvisadas.

Por outro lado, demanda habitacional futura ainda é muito forte, apesar da taxa média anual de crescimento da população urbana, que foi de cerca de 5% entre 1950 e 1980, ter declinado a apenas 1,6% nos anos 2000. Apesar dessa queda, as necessidades futuras de moradia continuam elevadas devido à redução do tamanho das famílias e às persistentes migrações internas expressas na constatação de que mais de 20% nos municípios brasileiros perderam população na última década. É importante destacar que 63% das necessidades futuras estão nas faixas de renda que dependem de programas governamentais para não engrossarem o déficit acumulado.

Estudo mais recente, baseado em dados preliminares da Pesquisa Nacional por Amostra de Domicílios (PNAD) de 2015, mostraram que apesar dos investimentos massivos realizados através do Programa Minha Casa Minha Vida (ver seção "O Ministério das Cidades e o

Programa Minha Casa Minha Vida: uma revisão crítica"), quando se contratou cerca de 5 milhões de unidades, o déficit acumulado não reduziu significativamente, ficando em 6,2 milhões de unidades. Esses dados mostram que é necessário atacar não só o déficit acumulado, mas considerar a demanda demográfica, em especial nas faixas de menor renda que se não atendidas se transformam em déficit acumulado também.

Por outro lado, os dados mostram a importância dos programas voltados à urbanização de assentamentos precários. Dos 9,8 milhões de domicílios que têm precariedade de acesso a infraestrutura, 6,6 milhões têm deficiência que podem ser resolvidas com um baixo custo unitário, em programas de saneamento ou de complementação de infraestrutura, enquanto 3,2 milhões estão em favelas e assemelhados, cuja urbanização requer projetos mais sofisticados, realocação de parte da população moradora e produção de novas moradias, estimada em 960 mil unidades.

Esses números mostram o enorme esforço que precisa ser feito para equacionar o problema da moradia, que se acumulou em um momento de intensa urbanização no país. Em 2010, a população urbana brasileira alcançou 84,4% do total (161 milhões de habitantes), resultado do mais acelerado processo de urbanização do mundo na 2ª metade do século xx, pois, em 1940, apenas 12,9 milhões viviam em zonas urbanas.

A falta de políticas urbanas e habitacionais nesse período de intensa urbanização gerou esse imenso déficit habitacional, mas, por outro lado, mostrou a enorme capacidade dos brasileiros de enfrentar, sem apoio do Poder Público, essa necessidade básica. Como veremos a seguir, o enfrentamento da questão habitacional pelo Estado brasileiro nos últimos cem anos foi inexistente ou insuficiente, mas, ainda assim, a população encontrou expediente para se alojar e não ficar na rua ao desabrigo. Conhecer e avaliar a experiência passada é essencial para propor alternativas.

POLÍTICA HABITACIONAL NO BRASIL: BREVE REVISÃO HISTÓRICA

Nos últimos cem anos, algumas iniciativas relevantes foram promovidas pelo Estado para enfrentar a questão da habitação. Na República Velha (1889-1930), o Poder Público reconheceu que a insalubridade dos cortiços e das moradias precárias era um problema público, diretamente relacionado com as doenças contagiosas e as epidemias. Mas prevalecia uma concepção liberal, segundo a qual o Estado não deveria interferir no mercado de locação nem produzir moradias, a cargo do setor privado.

A ação estatal se limitou à concessão de isenções fiscais para a produção rentista (incentivo que nunca chegou aos inquilinos) e a tratar o problema da moradia popular como uma questão da polícia sanitária, em uma perspectiva higienista.

Em 1930, inicia-se uma 2ª fase em que o Estado reconhece a necessidade de interferir na questão da habitação, que se torna uma questão social. Getúlio Vargas regulamentou o mercado de locação através da Lei do Inquilinato (1942), que objetiva proteger o inquilino e desestimular a produção rentista, e do Decreto Lei 58 (1938), que deu segurança para a compra do lote em prestações, favorecendo o autoempreendimento da casa própria em terrenos populares.

A partir de 1937, teve início uma produção pública de habitação, através dos Caixas e Institutos de Aposentadorias e Pensões (IAPs), que se destacou pela qualidade urbanística. Em 1946, Dutra criou a Fundação da Casa Popular, primeiro órgão estatal nacional voltado para a habitação.

No entanto, não foi estruturada uma política habitacional, nem se viabilizou uma produção massiva de moradias. Apenas 170 mil unidades foram construídas ou financiadas, a maioria destinadas aos associados dos IAPs, excluindo trabalhadores informais e rurais.

A criação, em 1964, do Banco Nacional da Habitação (BNH) e do Sistema Financeiro de Habitação (SFH) marca uma 3ª fase, em que se estruturou, pela primeira vez, a política nacional de habitação, com fontes permanentes de recursos (FGTS e poupança), articulação institucional formada por agentes promotores públicos e privados em todos os estados e vinculada a uma estratégia de desenvolvimento econômico.

O BNH financiou, entre 1964 e 1986, 4,2 milhões de moradias, sendo 1,7 milhão para o setor médio e 2,5 milhões para o setor popular. Uma produção expressiva, mas que atendeu apenas 20% das necessidades do período, marcado pela intensa urbanização. Os conjuntos habitacionais eram homogêneos, localizados na periferia e desconsideravam as diferenças regionais e culturais, pois os aspectos financeiros prevaleceram sobre os urbanísticos e sociais.

Os trabalhadores informais ou sem renda para assumir um financiamento foram excluídos, pois inexistiam subsídios. Sem opção, a maioria da população autoempreendeu suas casas em assentamentos precários, ignorados pelo Estado, que não apoiou nem financiou programas alternativos de construção, limitando-se à produção convencional por empreiteiras.

A crise econômica (1981-1983), a extinção do BNH (1986), o desequilíbrio financeiro do SFH durante os anos 1980 e 1990, a mobilização popular e a redemocratização das instituições políticas, cujo marco principal é a Constituição de 1988, marcam uma 4º fase, de baixa produção e muita criatividade, uma transição entre o BNH e a criação do Ministério das Cidades, em 2003.

Em um momento de baixa produção, ampliou-se a participação de estados, de municípios e da sociedade organizada. Foram introduzidas diretrizes inovadoras, como o reconhecimento da cidade real; a incorporação de práticas populares, como a autoconstrução, o mutirão e a autogestão e a participação popular na formulação de políticas, programas e projetos.

A Constituição de 1988 incluiu, pela primeira vez, uma seção de Política Urbana, que consolidou, em nível institucional, o princípio da função social da propriedade e do direito a cidade. A partir daí ganhou força a necessidade de regularizar e urbanizar os assentamentos informais, como favelas e loteamentos clandestinos, e combater a especulação imobiliária, em especial com terrenos e glebas ociosas, para facilitar o acesso à terra urbana bem localizada.

O SFH, mantido com o fim do BNH, perdeu a capacidade de investir e a União não subsidiou, com recursos orçamentários, os programas habitacionais. O poder local ganhou protagonismo e implementou programas habitacionais próprios que, embora de pequena expressão quantitativa, eram alternativos, inovadores e adequados a realidades locais, com maior participação, diversidade, qualidade e inserção urbana, além de contemplarem a população de baixa renda.

A POLÍTICA HABITACIONAL DO SÉCULO XXI

No século XXI, inicia-se o atual período da política habitacional brasileira, marcado por uma série de iniciativas de caráter institucional, como a introdução do direito à habitação na Constituição (2000); a promulgação do Estatuto da Cidade (2001); a criação do Ministério das Cidades e do Conselho das Cidades (2003); a formulação de uma nova política habitacional (2004); a aprovação do Projeto de Lei de Iniciativa Popular, que criou o Fundo e o Sistema Nacional de Habitação de Interesse Social (2005); a formulação do Plano Nacional de Habitação (2007-2008); além de outras iniciativas na área de saneamento e mobilidade.

Para implementar o Estatuto da Cidade, o Ministério das Cidades criou, em 2004, a Campanha Nacional pelos Planos Diretores Participativos, a fim de apoiar e capacitar os municípios e representantes da sociedade para introduzir, nos planos diretores, novos instrumentos urbanísticos capazes de democratizar o acesso à terra urbana qualificada, combater a especulação e criar zonas especiais de interesse social.

Uma nova Política Nacional de Habitação (PNH) foi consolidada em 2004, propondo: um novo modelo de financiamento, em que o

FGTS, baseado em recursos onerosos, pudesse se combinar com recursos fiscais não onerosos, de modo a atender famílias com renda insuficiente para assumir um financiamento integral da moradia; um novo desenho institucional que articulasse os entes federativos através de um Sistema Nacional de Habitação de Interesse Social; a criação do Fundo Nacional de Habitação de Interesse Social (FNHIS), a criação de programas massivos de integração urbana dos assentamentos precários e de produção de unidades habitacionais novas; e a regulamentação de regras estáveis, com segurança jurídica, que estimulam a produção e o financiamento de mercado.

A implementação de um novo modelo foi lenta, mas entre 2003 e 2008 ocorreu uma significativa elevação nos investimentos de todas as fontes de recursos destinados à habitação: orçamentários, do FGTS e do Sistema Brasileiro de Poupança e Empréstimo (SBPE).

Em 2004, foram aprovadas novas regras para os financiamentos habitacionais que deram mais segurança jurídica para os investimentos privados, atraindo recursos externos, que se somaram ao SBPE em uma produção crescente. Empresas do setor imobiliário abriram seu capital na bolsa de valores, aprofundando a financerização da habitação e gerando forte especulação, com elevação do preço da terra, em um verdadeiro boom imobiliário. Alimentado pela bolha imobiliária mundial (que estourou em 2008), esse boom também se beneficiou do acelerado crescimento econômico do país.

Com receitas crescentes, o governo formulou, em 2007, um ambicioso plano de investimentos, o Programa de Aceleração do Crescimento (PAC), que incluiu uma vertente social, o Programa de Urbanização de Assentamentos Precários. Realizado em parceria com municípios de maior porte e estados, esse programa alcançou uma dimensão inédita, com grande impacto em áreas excluídas das regiões metropolitanas.

Em uma conjuntura favorável, em que parecia que o Brasil teria condições de enfrentar o problema da habitação, foi formulado, no âmbito da Secretaria Nacional de Habitação, entre 2007 e 2008, o Plano Nacional de Habitação (PlanHab).

O objetivo do PlanHab era equacionar em 15 anos as necessidades habitacionais do país. Para tanto, propôs ações estratégicas em quatro eixos, a serem implementados de maneira articulada: o financeiro, o institucional, o urbano-ambiental e a cadeia de construção civil.

No eixo financeiro, o PlanHab propôs ampliar gradualmente os investimentos e a produção habitacional; criar a Carta Subsídio, que permitisse combinar recursos não onerosos com investimentos do FGTS; reduzir os juros e custos do FGTS; e criar um Fundo Garantidor, para facilitar o financiamento habitacional.

Tinha-se a consciência, no entanto, de que a mera elevação de recursos e ampliação do financiamento eram insuficientes para enfrentar o desafio habitacional. Era necessário preparar os municípios, com capacitação, qualificação técnica e instrumentos de política urbana para que os investimentos pudessem gerar efeitos positivos.

O problema não poderia (e não pode) ser enfrentado de forma homogênea em todo o país e, por outro lado, não havia recursos para garantir uma moradia pronta para todos. Após analisar a rede urbana brasileira e estabelecer uma tipologia dos municípios, o plano propôs um leque diversificado de programas habitacionais, de diferentes valores do produto final, de modo a aproximar o custo da moradia à capacidade de pagamento das famílias, mesmo considerando a necessidade do subsídio, que não poderia ser exageradamente elevado.

Assim, nos pequenos e médios municípios, a prioridade deveria ser apoiar o autoempreendimento da casa própria com empreendimentos de lotes urbanizados, material de construção e assessoria técnica, ao invés de se construir uma unidade final acabada, de custo mais elevado e, por vezes, inadequada para as diferentes realidades urbanas ou rurais brasileiras.

No eixo institucional, propunha-se reforçar a articulação com estados e municípios, baseados em planos locais de habitação, que fizessem uma leitura das especificidades locais e propusessem as melhores alternativas para enfrentar o problema, buscando garantir uma boa relação entre custos/benefícios.

No eixo urbano, a proposta estimulava os municípios a implementar uma política fundiária, capaz de gerar uma redução no custo da terra para moradia, e criava o Subsídio Localização, para estimular projetos habitacionais mais bem localizados na estrutura urbana, de acordo que as diretrizes dos planos diretores, para evitar a especulação com terras e uma excessiva expansão urbana.

O PlanHab constitui uma referência importante para repensar a política habitacional no Brasil, evidentemente revisto frente à mudança das condições econômicas e políticas do país. Suas propostas foram respaldadas em estudos técnicos aprofundados e debatidas com todos os setores. No entanto, sua estratégia não foi colocada em prática, tendo sido atropelada por decisões políticas, que levaram ao lançamento do Programa Minha Casa Minha Vida, no início de 2009.

O MINISTÉRIO DAS CIDADES E O PROGRAMA MINHA CASA MINHA VIDA: UMA REVISÃO CRÍTICA

Em 2008, as condições pareciam ser muito favoráveis para o equacionamento da questão habitacional. Os novos marcos institucionais e legais relacionados com a política urbana e habitacional haviam sido aprovados; com o apoio do Ministério das Cidades, os municípios estavam ampliando suas capacidades institucionais, inclusive com a elaboração dos planos diretores e de planos locais de habitação; os recursos disponíveis para investimento em habitação, que já tinha se elevado significativamente desde 2003, tinham espaço para um crescimento ainda maior, tanto de recursos fiscais, como do FGTS e do SBPE, lastreados no bom desempenho da economia; o PlanHab tinha estabelecido uma estratégia de equacionamento do problema, e o governo, com forte apoio popular, parecia estar comprometido com o enfrentamento da questão.

No entanto, apesar dessa conjuntura favorável, vários equívocos foram cometidos e os resultados ficaram muito aquém do que seria possível, perdendo-se uma oportunidade de implementar uma política habitacional consistente e sustentável, articulada com a política urbana.

Dentre os vários equívocos, talvez o mais importante – pois dele podem ter decorrido os demais – foi a progressiva decomposição da equipe e da proposta original do Ministério das Cidades, assim como o seu enfraquecimento político. Em 2005, Lula, necessitando ampliar sua base no Congresso, sob o impacto do escândalo conhecido por "Mensalão", substituiu o ministro Olívio Dutra (PT), que estava comprometido com o projeto original do Ministério das Cidades, por um representante do Partido Progressista (PP).

Essa agremiação, sem compromisso com uma nova política habitacional, foi, gradativamente, de 2005 a 2014, se apoderando não só de setores do ministério, como também de estruturas administrativas ligadas a questões urbanas nos estados e municípios (montadas sob a mesma lógica de governabilidade do governo federal), sob o argumento de que assim os recursos da União chegariam mais facilmente a eles.

Embora até 2007 as secretarias tenham continuado com os indicados por Dutra, o Ministério perdeu a capacidade de articular as políticas setoriais, o que já seria um grande desafio para qualquer gestor, e, dessa forma, a possibilidade de efetivar uma política urbana integrada, indispensável para equacionar a questão habitacional.

A partir de 2007, algumas das mais importantes competências do Ministério das Cidades (como a gestão dos programas relacionados com o PAC) foram informalmente deslocadas para setores mais "confiáveis" do governo, contando com a colaboração de técnicos e dirigentes do ministério, mas sem sua força política e institucional.

A área da habitação foi a única, até o final do governo Dilma, mantida fora da política de governabilidade, mas a Secretaria Nacional de Habitação (SNH) ficou politicamente fragilizada, sem o apoio dos ministros indicados pelo PP para os inevitáveis confrontos, relacionados com o desenho da política habitacional, com as demais áreas do governo relacionadas com a questão habitacional.

Em especial, os ministérios do Planejamento, da Fazenda, a Caixa Econômica Federal e a Casa Civil, que coordenavam o PAC, a política econômica e a disponibilização dos recursos para a habitação, passaram a ter uma força política maior do que o setor que, em última instância, devia ser o responsável pela política habitacional.

Assim, PlanHab, que foi elaborado no âmbito do governo pela SNH, acabou sendo atropelado pelo lançamento, em 2009, sem grande debate público, do Programa Minha Casa Minha Vida (PMCMV), sem que sua estratégia tenha sido considerada. O programa foi proposto pelo Ministério da Fazenda e pela Casa Civil, sob forte pressão dos setores da construção civil e promoção imobiliária, assustados com a crise imobiliária internacional.

Antes de enfrentar as questões urbana e de moradia, o PMCMV buscou combater a crise econômica e as dificuldades do setor imobiliário e da construção civil. Embora tenha realizado uma produção massiva de moradias, gerando impacto social, o programa foi estruturado como um instrumento para gerar empregos, dinamizar a economia e dar fôlego às empresas, objetivos relevantes, mas incapazes de dar uma resposta adequada à questão habitacional.

Embora ele tenha sido proposto pelo setor empresarial para atender os setores médios, o PMCMV acabou por contemplar as famílias mais pobres (Faixa 1), devido à pressão dos movimentos de moradia, aos esforços da SNH para salvar ao menos parte do PlanHab e aos compromissos políticos e sociais dos governos do PT, mantendo-se a promoção privada como a principal motora do programa.

Esse desenho, que dava maior agilidade para a implementação do programa, era conveniente ao núcleo central do governo, seja para gerar empregos rapidamente em um momento de crise, seja para auferir ganhos políticos imediatos, atendendo uma área social relevante, seja para contemplar o setor empresarial.

Movido por esses objetivos que conciliavam diferentes interesses, o governo ampliou os recursos fiscais e do FGTS para o investimento habitacional em níveis muito superiores aos previstos até mesmo pelo cenário mais otimista do PlanHab. Mas os principais articuladores do PMCMV desconsideraram a maior parte das propostas do PlanHab, o que rebaixou o alcance, a qualidade e a sustentabilidade do novo programa.

Apenas no eixo financeiro, algumas das estratégias propostas foram incorporadas, ainda assim de forma distorcida. Os subsídios garantidos pelo programa eram maiores do que os propostos pelo PlanHab, porque se abriu mão, desnecessariamente, de qualquer retorno financeiro dos beneficiários da Faixa 1, benefício que nem os movimentos de moradia reivindicavam. Ademais, não se implementou a proposta do PlanHab que previa programas de custo mais baixo por família atendida, como, por exemplo, lote urbanizado com financiamento de material e assessoria técnica, bastante viável nas pequenos e médias cidades.

Optou-se por padronizar o atendimento com o oferecimento de unidades prontas, produzidas pelo setor privado, mesmo nas situações urbanas onde isso não era necessário nem prioritário. Assim, se os recursos alocados tivessem sido mais bem aproveitados, os impactos seriam muito mais positivos.

As ambiciosas metas do Programa (1 milhão de unidades na primeira etapa (2009-2010) e 2,4 milhões na segunda (2011-2014), sem uma preparação prévia) exigiram um ritmo acelerado de implementação, adotando-se projetos-padrão de baixa qualidade arquitetônica e urbanística e exigindo-se mudanças açodadas e inadequadas das legislações urbanísticas dos municípios, a fim de viabilizar a implantação dos empreendimentos que, muitas vezes, geraram impactos urbanos, ambientais e sociais negativos.

Como o subsídio e o valor do investimento não levavam em conta a localização do empreendimento (pois o Subsídio Localização proposto pelo PlanHab não foi incorporado), os promotores optaram por terrenos mais baratos, geralmente distantes, estendendo exageradamente as cidades e gerando custos indiretos em mobilidade e implantação de infraestrutura e equipamentos urbanos. Assim, reproduziu-se erros cometidos no período do BNH.

Os resultados quantitativos foram muito expressivos. Em 9 anos, foram contratados cerca de 5,1 milhões de unidades novas, número superior aos 4,2 milhões financiados durante os 22 anos do BNH. Para uma avaliação mais precisa desse período recente, é necessário dividi-lo em dois momentos: PMCMV 1 e 2 (2009-2014) e PMCMV 3 (2015-2017).

De 2009 a 2014 (correspondente ao 2º governo Lula e 1º governo Dilma), foram contratadas 3,75 milhões de unidades, com uma participação expressiva na Faixa 1 (menos rendimento familiar), que alcançou 46% do total, número expressivo embora inferior ao peso dessa faixa no déficit acumulado, que atinge 70%. Algumas distorções, no entanto, são visíveis.

A partir de 2011, a modalidade do PAC-Urbanização de Assentamentos Precários – programa que dialogava com a cidade real (como vimos, 9,8 milhões de domicílios) e que permitia uma articulação entre as ações urbanas e sociais do governo, sobretudo nas regiões metropolitanas – foi abandonada, priorizando-se a produção de unidades novas.

Como o PMCMV estimulava as empresas a buscarem terrenos mais baratos, as capitais e regiões metropolitanas acabaram tendo um atendimento inferior ao seu peso nas necessidades habitacionais, enquanto pequenos e médios municípios foram privilegiados. A Modalidade Entidades (produção habitacional em parceria com associações, cooperativas e outras entidades do 3º setor) teve uma participação insignificante de cerca de 1,5% do total de contratos.

Já no período mais recente, no PMCMV 3 (2015-2017), que corresponde ao breve 2º governo Dilma e, sobretudo, ao governo Temer, o atendimento da Faixa 1 despencou, representando apenas 6% das 1,3 milhão de unidades contratadas. Isso decorre, por um lado, do crescente déficit fiscal do governo federal na Faixa 1, o que inviabilizou o alto grau de subsídios com recursos não onerosos exigidos pelas regras do programa. Por outro, com a mudança do perfil político do governo em abril de 2016, o compromisso com a população mais pobre perdeu prioridade.

No entanto, mesmo nesse período de "vacas magras", a contratação nas Faixas 2 e 3, realizada com recursos do FGTS e que atende a população de renda média e média baixa (de 3 a 10 salários mínimos), não sofreu decréscimo quantitativo. Ao contrário, a média anual de contratações no período de 2015 a 2017 foi de aproximadamente 400 mil unidades/ano, cerca de 20% superior a média do período 2009 a 2014, que alcançou cerca de 340 mil/ano.

Esses dados mostram que mesmo na crise, a capacidade de investimento do FGTS permaneceu elevada, enquanto os investimentos com recursos fiscais foram diminutos, deixando sem atendimento exatamente os segmentos mais vulneráveis e que mais contribuem para o déficit habitacional.

DA REFLEXÃO CRÍTICA A UMA NOVA ESTRATÉGIA URBANA E HABITACIONAL

Essa reflexão e avaliação crítica sobre a política habitacional no Brasil do século XXI é necessária para debater os novos rumos. Não se pode jogar fora a experiência recente, mas deve-se analisar as decisões que foram tomadas, observando os resultados positivos e os equívocos cometidos, para corrigir o rumo.

Como vimos, entre 2009 e 2014, o investimento e a produção de moradias novas no país foram elevados, e os subsídios com recursos não onerosos garantiu um razoável atendimento às famílias de baixíssima renda, aspectos positivos do PMCMV.

Paradoxalmente, no entanto, as condições urbanas e habitacionais não tiveram o avanço esperado, sobretudo nas áreas metropolitanas. Como vimos, as necessidades habitacionais continuaram elevadas, ao passo que as favelas se adensaram, os aluguéis aumentaram acima da inflação, o valor de terra explodiu, a crise de mobilidade se agravou, a universalização do saneamento não foi alcançada e, mesmo quando atendida, a população de baixa renda só teve acesso a uma moradia em áreas distantes, carentes de equipamentos sociais e emprego, exigindo mais investimentos públicos.

A ampliação do crédito e da produção habitacional, tanto social como de mercado, sem estar acompanhada de uma política fundiária capaz de combater a especulação, gerou uma extraordinária valorização imobiliária, inviabilizando projetos de habitação social bem localizados e gerando a exclusão até mesmo da classe média dos bairros mais consolidados.

O custo da mobilidade também se elevou, requerendo mais subsídios às tarifas e gerando mais sacrifícios para a população. O incentivo à compra e ao uso dos automóveis, com o subsídio à gasolina (aspectos da política econômica não tratados neste texto) teve forte impacto negativo nas cidades, agravando os congestionamentos.

Esse processo se deu em uma conjuntura de crescimento econômico, aumento do consumo e da renda e de (quase) pleno emprego. A afirmação de que "a vida melhorou dentro da casa, mas piorou da porta para fora" sintetiza um período de prosperidade em que os problemas urbanos se agravaram, apesar do significativo investimento realizado nas políticas setoriais urbanas.

Não por acaso, foram nas grandes cidades que eclodiram as manifestações de 2013/2014, que começaram com protestos contra a elevação da tarifa de ônibus e depois voltaram-se para outras reivindicações de serviços urbanos, expressas no lema "escolas e hospitais padrão Fifa" que ecoou pelo país.

Entre outros motivos, esse processo ocorreu porque o Ministério das Cidades não conseguiu cumprir um dos seus principais objetivos: não formulou uma política articulada de desenvolvimento urbano capaz de orientar e dar maior eficiência à ação e aos investimentos públicos, integrando as políticas urbanas setoriais. Essas foram concebidas e implantadas de forma vertical e fragmentada, a partir de programas elaborados pelo governo federal.

Não se observou um princípio elementar da política urbana: a cidade não é uma somatória simples de projetos de habitação, saneamento, transportes urbanos e programas urbanos. Ela exige uma estratégia urbana articulada, que inclua uma política fundiária que regule a função social da propriedade e projetos setoriais articulados aos objetivos de planos diretores, garantindo o protagonismo do poder local.

Essa constatação reforça a ideia de que uma proposta consistente para enfrentar o problema urbano e habitacional exige uma estratégia diversa da que foi implementada na década passada, sem jogar fora o que foi positivo. É essencial criar um Sistema Nacional de Desenvolvimento Urbano, proposta debatida no Conselho das Cidades há vários anos, para integrar as políticas setoriais.

Embora o foco principal deste texto esteja voltado para propostas relacionadas à política habitacional, elas não se limitam a essa área, sobretudo no que se refere à reestruturação institucional, tratada de modo amplo, pois se entende que a integração setorial deva ser uma peça-chave das recomendações.

A relação entre os entes federativos, dando mais protagonismo para os municípios mais bem estruturados, é outro aspecto relevante. A hierarquia da rede urbana deve ser considerada na estruturação das políticas urbanas, pois a diversidade municipal é enorme. Por isso, propomos uma nova territorialização, com a regionalização dos estados e a institucionalização, para os efeitos das ações urbanas, das noções de região e de "município polo", que teria um papel diferenciado na implementação das políticas urbanas.

No que se refere a política habitacional, não pode reproduzir os equívocos realizados pelo PMCMV. O governo federal deve condicionar o repasse de recursos à adoção pelos municípios de políticas efetivas de combate a especulação, entre outros aspectos urbanos e institucionais.

É necessário rever o patamar de subsídios que foram adotados no programa, pois os níveis de subsídio adotados pelo MCMV são insustentáveis. Mesmo que, eventualmente, o país voltasse a contar com uma situação fiscal confortável que permitisse retornar a investimentos com recursos orçamentários nos níveis que foram realizados até 2014, hipótese improvável nos próximos anos, é necessário reduzir o valor médio dos subsídios para ampliar a escala de atendimento.

Para isso, é necessário alterar significativamente a maneira como os subsídios são alocados, especialmente na Faixa 1. Ao invés de entregar uma moradia pronta, a custo zero para os beneficiários de baixa renda, deve-se adotar um leque ampliado de produtos habitacionais, reduzindo-se a ênfase que a produção da casa própria pronta, produzida por empreiteiras, teve no PMCMV.

Propõe-se que o governo federal subsidie a implantação de uma "base urbana" para os novos empreendimentos habitacionais, ou seja, subsidie a aquisição das terras, projetos com qualidade urbanística e a implantação da infraestrutura. Dessa forma pode-se garantir, a um custo unitário por família atendida significativamente inferior ao que se concedeu na Faixa 1 do PMCMV, o essencial para que o empreendimento tenha condições urbanas adequadas, como reserva de áreas para equipamentos sociais, espaços públicos generosos e infraestrutura.

O Estado seria responsável pela "base urbana", deixando a questão da construção das unidades para ser equacionada através de diferentes formas de financiamento, admitindo-se todas as formas e os arranjos para sua produção, como a autogestão, a construção pelo setor privado ou a autoconstrução com ou sem o financiamento do material.

Dessa forma, poderia se ter famílias assumindo um financiamento do FGTS para a aquisição de uma moradia pronta e outras tomando um financiamento para comprar apenas o material, construindo sua casa através da autogestão coletiva ou do autoempreendimento individual. Nesse novo modelo, o mix de recursos onerosos e não onerosos, proposto pela PNH e pelo PlanHab, se concretiza de forma diversa da atual.

O Subsídio Localização acrescentaria um valor adicional para a produção de habitação social bem localizada, considerando que, nesse caso, os recursos necessários para a construção seriam significativamente superiores.

O Plano Nacional de Habitação, embora tenha sido concluído há cerca de nove anos, ainda é uma das principais referências para estruturar uma nova estratégia para equacionar o problema. Ele é um excelente ponto de partida para uma redefinição da política habitacional, mas requer uma profunda revisão, a ser realizada da forma participativa, levando em conta o atual cenário econômico e urbano do país.

Ressalte-se, finalmente, que as propostas aqui apresentadas partem do pressuposto de que o governo, independentemente do alinhamento partidário, tenha como diretriz implementar uma reforma do Estado de caráter progressista, mantendo-se o papel central do poder público na coordenação e financiamento da política urbana e habitacional, que está na origem do Ministério das Cidades, e incentivando a implementação de instrumentos para garantir a função social da propriedade.

Por fim, não se considerou, na elaboração dessas propostas, as limitações de natureza política, como a resistência intragovernamental ou de aprovação no Congresso, obstáculos que podem ser superados com diálogo e participação.

PROPOSTAS

As propostas, apontadas a seguir, apresentadas de forma sintética, estão divididas em alguns eixos, mas precisam ser implementadas de forma coordenada pois estão pensadas em conjunto.

Desenho institucional

a. Estruturação do Sistema Nacional de Desenvolvimento Urbano (SNDU), articulando a União, os estados e os "municípios polo" (conforme item d), incluindo as áreas de habitação, política fundiária e territorial, saneamento e mobilidade e definindo os papéis de cada ente federativo na política urbana e habitacional, assim como dos setores não estatais (ONGs, cooperativas e setor empresarial).

b. Transformação da Caixa Econômica Federal em uma agência federal de desenvolvimento urbano e governamental.

c. Reestruturação do Ministério das Cidades, rompendo a segmentação da sua organização interna e criando uma nova organização que facilite a interlocução integrada com os municípios, segundo a tipologia do município a ser consagrada. Fortalecer a capacidade de formulação do Ministério como o órgão coordenador do SNDU com sistemas de informação, avaliação e monitoramento do desenvolvimento urbano no país.

d. Institucionalização de uma nova estruturação territorial, baseada na regionalização dos estados, na hierarquização da rede urbana e na tipologia dos municípios. Definição dos municípios polo, que passariam a ter papel diferenciado na implementação da política urbana e habitacional, considerando sua melhor estrutura, centralidade na rede de municípios e capacidade para implementar com autonomia sua política urbana e de apoiar os municípios por ele polarizados.

e. Fortalecer as organizações não governamentais e as cooperativas para exercerem papéis específicos na implementação da política urbana e habitacional, em especial na massificação dos programas não convencionais de produção habitacional.

f. Reestruturação do Fundo Nacional de Habitação de Interesse Social, com sua integração com o Fundo de Desenvolvimento Social (FDS), na perspectiva de transformá-lo em um fundo de desenvolvimento urbano e social.

g. Regulamentação de novas regras para a transferência de recursos da União para os municípios, a ser baseada em planos de

investimentos urbanos, vinculadas aos planos diretores participativos, assim como na sua capacidade institucional e urbana.
h. Capacitação institucional de estados e municípios, com ênfase nos municípios polo, incentivando a criação de estruturas institucionais permanentes e articuladas para a formulação e implementação das políticas urbanas.
i. Fortalecimento dos arranjos intermunicipais, como consórcios, especialmente nas regiões conturbadas e metropolitanas.

Arranjo financeiro

a. Garantir recursos não onerosos para subsidiar a política habitacional, com estabilidade e previsibilidade, de modo a possibilitar o atendimento para a população de baixa renda.
b. Destinar o subsídio para viabilizar a implantação da base urbana dos programas habitacionais, ou seja, a urbanização de assentamentos precários, a aquisição da terra e a implantação da infraestrutura, reduzindo o subsídio médio unitário por família e ampliando o número de famílias atendidas.
c. Priorizar a utilização dos recursos onerosos (FGTS) para financiar a construção de moradia, na faixa de interesse social, seja de unidades prontas, seja para material de construção.
d. Manter, sem exceções, a exclusividade da destinação dos recursos do FGTS para o desenvolvimento urbano, com ênfase nos programas de interesse social.
e. Reduzir o custo (juros e taxas) e as exigências de renda formal para a concessão de financiamento do FGTS, assim como ampliar seu orçamento, visando aumentar o número de financiamentos contratados e reduzir a faixa de renda a ser atendida com esses recursos.
f. Reduzir os tetos de financiamento com recursos do FGTS para torná-los compatíveis com sua destinação social, deixando o SBPE financiar para a classe média.

g. Estimular, por meio do direcionamento e redução da taxa de juros, a utilização de recursos do SBPE para financiar habitação para a classe média e classe média baixa, limitando o teto de financiamento.

h. Utilizar o fundo garantidor para reduzir o risco de crédito e o custo dos seguros, para ampliar o financiamento habitacional.

Propostas de política urbana e fundiária

a. Criar mecanismos que torne obrigatório os municípios adotarem uma política fundiária munida de instrumentos capazes de combater a retenção de imóveis e terrenos ociosos, para combater a especulação imobiliária.

b. Mobilizar o patrimônio imobiliário público, de todas as instituições governamentais, para gerar um banco de terra destinado à produção de habitação de interesse social.

c. Priorizar a destinação de recursos não onerosos para os municípios que tenham capacidade institucional e urbana para implementar programas habitacionais compatíveis com as diretrizes do Estatuto da Cidade e da política nacional de desenvolvimento urbano, através da criação do Índice de Capacidade Institucional Habitacional e Gestão do Solo Urbano.

d. Criar o Subsídio Localização para estimular e viabilizar a produção e a reabilitação de Habitação de Interesse Social (HIS) em áreas consolidadas.

e. Apoiar as iniciativas dos municípios e estados que garantam o acesso às terras urbanizadas, legalizadas e bem localizadas para a produção de HIS.

f. Estabelecer uma política que condicione a expansão da zona urbana dos municípios à efetiva necessidade, ao interesse social e à implantação prévia de infraestrutura.

Desenho dos programas habitacionais

a. Estabelecimento de um cardápio de programas habitacionais, a serem habilitados a receber recursos do SNDU, suficientemente amplo para atender a enorme diversidade de situações urbanas existentes no país.

b. Os municípios, levando em conta a sua realidade urbana, social e econômica, devem definir, em seu plano diretor e/ou no plano local de habitação, os programas habitacionais a serem adotados, assim como as áreas prioritárias a serem utilizadas para a implantação dos projetos.

c. No "cardápio", devem estar previstas seis linhas programáticas básicas:
- urbanização e regularização de favelas, loteamentos irregulares e outras modalidades de assentamentos precários; complementação da infraestrutura nesses assentamentos;
- produção de unidades novas de habitação de interesse social, incluindo promoção pública, privada e por autogestão;
- locação social;
- retrofit, reforma e manutenção de edifícios habitacionais em áreas consolidadas;
- implantação de loteamentos de habitação de interesse social;
- assessoria técnica à habitação de interesse social.

d. O subsídio com recursos fiscais (não onerosos) deve ser orientado para financiar (sem retorno) a "base urbana" dos empreendimentos habitacionais (terra, infraestrutura e urbanização de assentamentos), devendo a construção das unidades ser viabilizada através de financiamentos onerosos (FGTS) da construção ou do material de construção e de diferentes formas de contribuição dos beneficiários finais, como poupança prévia, autoconstrução, autogestão etc.

Eduardo Muylaert

Advogado criminal, escritor e fotógrafo

Segurança pública

Violência e segurança, tema algum tem igual destaque em ano eleitoral. A questão é antiga: projetos, promessas e planos não têm faltado. Nossos fracassos, entretanto, se sucedem e, com diferentes tintas, se reproduzem há mais de 30 anos.

Todos os presidentes, desde a redemocratização, lançaram planos que, mesmo seguindo recomendações e boas práticas internacionais, não produziram efeitos senão passageiros, para logo serem sempre substituídos por "novos".[1]

O ciclo de ineficácia se repete, minando a expectativa de que um dia possamos, afinal, melhorar. Dessa triste constatação já se pode concluir, sem necessidade de maior indagação, que a chave do problema não é "o" plano. O projeto é necessário, mas não basta, por melhor que seja. Há muitos requisitos para que ideias, ainda que bem elaboradas, possam frutificar e gerar resultados que não sejam efêmeros.

O agravamento do problema e o clamor da opinião pública levaram a uma medida drástica em 2018: a intervenção federal no Rio de Janeiro. É impossível, por ora, avaliar eventuais resultados. No curto prazo, o preparo, o poderio e o prestígio das Forças Armadas devem trazer melhorias. Trata-se, porém, de fórmula excepcional, que evidencia a necessidade de um programa consistente e permanente de segurança pública, menos propenso ao colapso e eficaz a ponto de funcionar sem exigir medidas extravagantes.

A superação da violência, com base em uma cultura de paz, é a proposta da Campanha da Fraternidade de 2018, da Conferência Nacional dos Bispos do Brasil (CNBB), com imediata adesão da presidente do Supremo Tribunal Federal. A Igreja levará essa mensagem a todas as paróquias, procurando mobilizar os católicos.

O tema da segurança pública terá peso fundamental nas eleições gerais de 2018, provocando ampla discussão, muitas vezes inconsistente. Sem dados precisos, sem levar em conta o estado da arte, sem uma visão global do que deu certo e do que falhou, o debate vira uma balbúrdia. Todos gritam, e ninguém tem razão.

A preocupação dos brasileiros com a violência dobrou, passando de 19%, em 2016, a 38%, um ano depois. Mais de um terço dos entrevistados relataram que alguém em sua família havia sofrido furto, assalto ou agressão no ano anterior. Se a confiança nas Forças Armadas é alta (83%), a desconfiança na polícia supera os 50%.[2]

Não há chamariz maior para o eleitorado do que esse tema, o que pode levar a todo tipo de incitação e manipulação. O sociólogo Manuel Castells, tido como profeta das redes, ensina que a política é feita de emoções e que o medo se supera pela indignação, que pode se exprimir por valores de direita ou progressistas.[3]

Todos os dias somos bombardeados com notícias. A televisão despeja, além das imagens de crimes e da ação militar, inúmeras e variadas opiniões. O medo se generalizou. Mesmo em pequenas cidades do interior, vemos grades nas janelas e nas portas. A vigilância particular tornou-se um grande negócio, protegendo quem pode arcar com seu alto custo.

O medo e a agressividade são predisposições naturais de todos os seres humanos, desde as cavernas. O medo nos leva a fugir da ameaça ou a enfrentá-la, faz parte do nosso mecanismo de sobrevivência. A agressividade, porém, pode ser desencadeada de modo irracional em inúmeras situações, como numa rixa, um castigo corporal, um linchamento, ou em movimentos coletivos como a guerra de torcidas, a rebelião. Até as agressões verbais corriqueiras nas redes sociais podem ser analisadas sob tal prisma. [4]

A educação, além de outros fatores ideológicos e comportamentais, influi no modo como lidamos com a questão da violência. Há um perfil conservador, simpático a medidas drásticas como pena de morte, aumento de penas, redução da maioridade penal, por vezes até à tortura. Outros confiam em soluções mais humanas, com menos prisões e uma polícia mais moderna. Ressentimento e frustração podem ser explorados para levar a soluções autoritárias sabidamente ineficazes.

A QUESTÃO DO HOMICÍDIO

O aumento da violência é uma preocupação constante na maioria dos países. A França registra 777 agressões "gratuitas" por dia. Elas ocorrem em encontros esportivos, brigas de trânsito, e se voltam até contra bombeiros ou policiais em ação. Impulsividade crescente e degradação do clima social ajudam a entender o fenômeno.[5]

Os Estados Unidos conseguiram, nos últimos 20 anos, reduzir em 50% os crimes violentos. Não há consenso quanto às causas, mas hipóteses incluem melhoria da polícia, envelhecimento da população, menor consumo de álcool e de crack, aumento das taxas de emprego e, até, legalização do aborto. O brutal encarceramento, o maior do mundo, não é considerado causa dessa diminuição de violência.[6]

O Brasil está no grupo dos 25 países mais violentos do mundo, superando a marca de 10% do total de assassinatos do globo em 2012. Foram 50.108 casos, numa taxa altíssima de 25,2 por 100 mil habitantes. Nesse grupo em que só aparecem países latino-americanos e africanos, aparecemos como um país com mais violência do que Ruanda, México, Nigéria e Botsuana. [7]

O Atlas da Violência de 2017 mostra continuidade da crise, contando 59.080 homicídios. Com isso, a taxa subiu para 28,9 mortes por 100 mil habitantes. A cada 100 pessoas assassinadas, 71 – ou seja, mais de dois terços – são negras.[8]

Foca-se muito a questão no Rio de Janeiro, cidade brasileira onde mais se matou em 2016 (1.446 mortes violentas). Proporcionalmente, entretanto, o Rio está abaixo da média nacional, tendo 22,6 mortes por 100 mil habitantes. Dez cidades, entre as quais Porto Alegre, Salvador e Manaus, registram taxas muito maiores, chegando a 66 por 100 mil habitantes.

O uso da arma de fogo para matar atinge uma dimensão apenas observada em poucos países da América Latina, segundo o Atlas 2017. Em 2015, foram 41.817 homicídios com armas de fogo, 71,9% do total de casos. Na Europa, por exemplo, esse índice é da ordem de 21%. É grave a observação de que os mortos são cada vez mais jovens. Enquanto no começo da década de 1980 o pico da taxa de homicídios se dava aos 25 anos, atualmente se dá aos 21 anos.

Diante das análises que mostram uma deterioração, nos últimos anos, no cenário sobre a garantia do direito à vida e à cidadania, conclui o Atlas, fica patente a necessidade de um maior comprometimento das principais autoridades políticas e do campo da segurança pública em torno de um *pacto contra os homicídios*, em que a coordenação, o planejamento e a boa gestão venham a substituir o proselitismo político vazio, seguido de ações midiáticas que nada resolvem.

O primeiro direito reconhecido e proclamado na Constituição de 1988 é o direito à vida, que, no texto, vem antes da liberdade, da segurança e da propriedade. Ora, o direito à vida tem, no mínimo, dois lados: além do dever de não matar, que se impõe a todos (artigo 121 do Código Penal), o Estado assume a obrigação de garantir a segurança, de modo que a vida das pessoas não seja exposta a perigo permanente e sistemático.

A Declaração dos Direitos do Homem de 1789 já afirmava que a garantia dos direitos exige uma força pública, instituída para vantagem de todos e não para utilidade particular. E transparência: a sociedade tem o direito de pedir contas a todo agente público pela sua administração. As estatísticas mostram a inegável deficiência na garantia do direito à vida. A força pública, polícia no vocabulário moderno, não está dando conta da tarefa de garantir o mais essencial dos direitos.

A impunidade generalizada, talvez o maior fator de estímulo à violência, decorre da incapacidade do Estado, que não consegue imprimir a eficácia necessária aos serviços de prevenção, investigação e julgamento em tempo hábil. Menos ainda por em ordem à administração penitenciária. Meras trocas de secretários, ou ministros, não são suficientes para enfrentar a questão. Ao contrário, muitas vezes subir o tom, adotar uma linha mais enérgica de ação policial, acaba provocando um aumento inútil e desnecessário de confrontos e mortes, sem qualquer contrapartida de redução da criminalidade violenta.

A LUTA CONTRA A VIOLÊNCIA

Há pelo menos 30 anos, todos os governadores do Rio de Janeiro prometeram acabar com a criminalidade no Estado. Apesar das promessas, a situação veio se deteriorando, a ponto de o governador Luiz Fernando Pezão se conformar com a intervenção federal.

Não faltaram alertas. "Reflexões sobre a batalha do morro Dona Marta", artigo que publiquei na *Revista da* OAB, em 1988, analisa o conflito entre duas quadrilhas e descreve as condições então reinantes: "Além de gerar alguns empregos na favela, os traficantes acabam por suprir a omissão do poder público, assumindo encargos assistenciais e contribuindo para manter a ordem". Numa estimativa atual das duas maiores distribuidoras de energia do Rio de Janeiro, mais de um milhão de domicílios estão em áreas consideradas de risco sob o controle de traficantes ou milicianos e recebem energia irregularmente.[9]

Segundo uma avaliação que teria sido passada pelo Ministério do Exército ao governador Moreira Franco nos anos 1980, 40% do contingente de 16 mil homens da Polícia Civil e 30% dos 45 mil policiais militares do Rio estariam, de alguma forma, envolvidos com a criminalidade.[10]

CONDIÇÕES SOCIAIS DA VIOLÊNCIA

"Pobreza, miséria e desigualdade não explicam a violência, mas são indiscutivelmente fatores básicos para a constituição de um campo propício ao desenvolvimento da violência." A frase do antropólogo Gilberto Velho, falecido em 2012, serviu de epígrafe ao artigo anteriormente citado.[11]

Em contrapartida, pesquisas desenvolvidas nos Estados Unidos para tentar reduzir seus próprios níveis de criminalidade concluíram que elementos relativos à *estrutura da sociedade* e ao *sistema de justiça criminal* são preponderantes. As cidades com menor índice de criminalidade, grandes ou pequenas, costumam ter população estável, baixa densidade populacional e baixo nível de desemprego. Apresentam também, em geral, um bom sistema de prevenção e justiça criminal, que inclui um sistema judiciário eficiente; policiamento que estimula a qualidade do serviço e a adoção de técnicas inovadoras; programas de prevenção e educação dirigidos à população jovem e, finalmente, cooperação da comunidade e apoio à polícia local.

Esse conjunto de condições é o oposto do encontrado na maioria das cidades em qualquer ponto de nosso território. Existe enorme densidade populacional, especialmente nas metrópoles, ao lado de contínuos fluxos migratórios, altíssimo nível de desemprego e grandes faixas de subemprego. A morosidade da administração da Justiça, a sensação generalizada de impunidade e a situação caótica dos presídios superlotados são fenômenos nacionais.

Uma análise relevante do panorama atual foi feita por Dom Odilo Scherer.[12] Depois de apontar nosso elevado índice de violência, o cardeal arcebispo de São Paulo faz um apanhado de causas e destaca o tráfico e consumo de drogas ilícitas e de álcool, o contrabando e comércio de armas, a exploração sexual e o crime organizado. O prelado denuncia a ausência ou ineficiência do Estado, a falta de políticas e ações eficazes de proteção e defesa da população, a corrupção e má gestão dos recursos públicos e a morosidade e ineficiência da Justiça, que levam à impunidade e passam a ideia de que o crime e a violência compensam.

Difícil encontrar diagnóstico mais realista e mais preciso. O drama que reflete é nosso conhecido. O principal caminho que propõe é a melhoria significativa na educação. Sem justiça e solidariedade social, nenhum país consegue acabar com a violência. Só o endurecimento das leis e das políticas repressivas, a construção de presídios e a melhor preparação das polícias não resolvem, embora possam ajudar: "o aparato repressivo e judicial deveria ser apenas um recurso extremo para impedir ou corrigir a violência", conclui com indiscutível acerto.

O CRIME ORGANIZADO

O crescimento do crime organizado no Rio de Janeiro começa no fim dos anos 1970, com a criação do Comando Vermelho. Em 1983, desafetos do Comando Vermelho criaram o Terceiro Comando. Em 1985, o Comando Vermelho detinha mais de 70% dos pontos de venda de drogas. Em 1994, surgiu a Amigos dos Amigos (ADA). Aí vêm as milícias:

> [...] desde 1979, vendo o avanço do tráfico sobre as favelas, comerciantes de Rio das Pedras, na zona oeste, começaram a pagar policiais por proteção contra os traficantes. [...] Policiais – na ativa ou na reserva – formavam grupos paramilitares que, muitas vezes usando armamento da própria corporação, expulsavam os traficantes e ocupavam seu lugar nas favelas. [...] Hoje, as milícias ocupam 96 favelas no Rio de Janeiro, e constituem um dos maiores problemas de segurança, quase tão grave quanto o do tráfico.[13]

Em São Paulo, foi no bojo da crise penitenciária que surgiu e se desenvolveu o Primeiro Comando da Capital (PCC), uma das principais forças do crime organizado no Brasil. Como mostra a antropóloga Karina Biondi,

> [...] essa coletividade, também chamada de Comando, Partido, Quinze, Família, [...], teve sua origem nas prisões paulistas no início da década de 1990 e hoje está presente em aproximadamente 90% das instituições penais, bem como na maior parte das zonas urbanas do estado.[14]

A CRISE PENITENCIÁRIA

Outra crise que se agrava há 30 anos é a do sistema penitenciário. Os governos, por mais que invistam, não conseguiram qualquer avanço significativo. Ao contrário, os presídios padecem de uma doença crônica que as autoridades tentam manter em equilíbrio, sempre precário, num esforço de evitar rebeliões que assustam ainda mais a opinião pública.

O Direito Penal tipifica como crimes as mais severas ofensas à ordem social, graves a ponto de justificar a restrição à liberdade do condenado, em tese para puni-lo e reeducá-lo. Tal sanção teria ainda a virtude da exemplaridade, mostrando as graves consequências da violação da lei penal. Ocorre que hoje, no Brasil, menos de 1% dos que cometem crimes correm risco de parar nas prisões. À sensação de impunidade da população corresponde também a do criminoso, que vê sua atividade como lucrativa e de baixo risco.

O sistema carcerário não cumpre sua suposta função reeducativa e foi sucessivamente negligenciado por vários governos. Em geral, o investimento governamental se faz na construção de novos prédios, quando a base para um sistema minimamente eficiente seria a boa formação de pessoal penitenciário e a implantação de programas de trabalho para os presos. Se é relativamente fácil construir, é muito difícil formar quadros aptos a exercer a função de agente de reeducação. Além do risco permanente, as remunerações são baixas e o trabalho não é gratificante.

A privatização não cabe aqui. O Estado não tem como abrir mão do controle do sistema penitenciário. A gestão prisional, assim, não pode ser transferida aos particulares, nem ter como objetivo o lucro. Em contrapartida, a colaboração da iniciativa privada, em forma de parcerias nas quais o Estado não abra mão de seu papel, pode ser altamente benéfica, inclusive na construção de estabelecimentos, formação de pessoal e implantação de sistemas de trabalho.

O Brasil tem a terceira maior população prisional do mundo (620 mil), atrás apenas dos Estados Unidos (mais de 2 milhões) e da China (1,7 milhão).[15]

Em matéria de número de presos por 100 mil habitantes, estamos além do dobro da média mundial. Só somos superados pelos Estados Unidos e por países autoritários como China, Cuba, Tailândia, Rússia e Ruanda.

A população prisional do Brasil praticamente triplicou entre 2000 e 2014, sem nenhuma melhoria correspondente nos índices de criminalidade. Com isso, vemos um quadro permanente de superlotação, promiscuidade, ociosidade e degradação, que um dia poderá ser visto como uma barbárie comparável à escravidão. Na maioria dos estabelecimentos não há sistemas de trabalho para os presos e a assistência à saúde é precária, gerando um ambiente altamente nocivo.

Quando se examina a composição dessa população, os dados também são um sinal de alerta: 34% de presos provisórios, encarcerados sem condenação criminal nem mesmo em primeira instância. Os crimes de roubo e tráfico de entorpecentes respondem por mais de 50% das sentenças das pessoas condenadas. Existe grande número de pessoas presas por *crimes não violentos*, como tráfico de drogas, categoria apontada como mais provável responsável pelo aumento exponencial das taxas de encarceramento no país, compondo o maior número de pessoas presas.

A população feminina, que não chega a 6% do sistema, vem crescendo ano a ano. E 64% das presas respondem por condenações por tráfico de drogas e associação para o tráfico.

O último levantamento do Conselho Nacional de Justiça, o CNJ, registra um total de 654.372 presos, em 2017, dos quais 221.054 provisórios. O tráfico representa 29% dos processos de réus presos; o roubo, 26%; homicídio, 13%; crimes previstos no Estatuto do Desarmamento, 8%; furto, 7%; e receptação, 4%.[16]

É efetivamente um contrassenso manter na prisão quem não tenha cometido crime violento. Nesses 29% presos por tráfico, não deve haver nem 1% de traficante com alguma expressão. Os outros estão encarcerados sem necessidade, pois o encarceramento em massa de pequenos "traficantes" em nada abala o comércio ilícito, sendo rápida e facilmente substituídos.

Roubo (26%), homicídio (13%) e latrocínio (2%) não correspondem nem à metade da população carcerária. A prisão provisória, que representa 34% do sistema, só deveria ocorrer em casos excepcionalíssimos, de latrocínio ou de homicídio, por exemplo, e nunca como regra geral.

Já se conhecem todos os inconvenientes dos depósitos de gente que devolvem o preso mais revoltado à sociedade, em geral protegido e aliciado por uma organização criminosa. A luta pela implantação de alternativas à prisão também é importante, embora não elimine o problema. Construir um sistema penitenciário ao menos razoável é um objetivo que, mais que ao preso, serve a toda sociedade.

O QUE FALTA?

O que falta não são projetos, já se viu que quase todo governo, federal ou estadual, tem o seu. Mas que é logo substituído por outro, a cada renovação do poder. Faltam, isso sim, gerenciamento, organização, método, controle. O recurso a profissionais de administração, advindo de outras áreas, parece indispensável.

Os recursos são limitados, como em todas as áreas da administração pública, mas se forem aplicados racionalmente podem produzir muito mais e melhores resultados.

Falta confiança da população e das próprias autoridades. Fala-se muito, mas a batalha da segurança é considerada praticamente perdida.

Um grande inimigo é a confusão das opiniões e palpites, que carecem grandemente de objetividade e racionalidade. É cotidiana a falta de lógica na argumentação que ouvimos nos meios de comunicação, mas também de supostos especialistas e das principais autoridades.

Partidos mais conservadores bradam por mais rigor na lei penal, redução da maioridade, fim do indulto e de benefícios e supressão do limite de 30 anos para cumprimento de pena. É difícil achar medidas tão ineficientes e deslocadas de qualquer racionalidade. Nada disso funciona, embora sejam bandeiras a empolgar eleitores incautos, assim como a pena de morte e a tortura poderiam obter adesões.

Os interesses mesquinhos da política, a sobreposição dos interesses corporativos ao bem comum e, acima de tudo, a resistência à mudança figuram entre os principais fatores a impedir avanços na área de segurança.

Dentro das burocracias do serviço público, nada é mais difícil do que introduzir inovações, por menores e paulatinas que sejam. Os cidadãos podem demorar a se adaptar às novidades, mas hoje todos usam cinto de segurança e a maioria não dirige depois de beber. Na administração, porém, a lei da inércia costuma prevalecer, inclusive diante da sensação de que os governos passam, mas os funcionários (e seus hábitos) sobrevivem.

É preciso enfrentar os tabus e procurar descobrir onde estão os nós do sistema. É preciso tirar gente que está operando o sistema e colocar essas pessoas para pensar e propor soluções. Ninguém melhor do que os próprios funcionários para saber onde estão os gargalos. Os agentes públicos, se ouvidos, podem ajudar a encontrar o caminho das pedras.

Em matéria de segurança pública, o Brasil continua sendo um país de práticas altamente burocratizadas e muito arraigadas. Já se viu delegados que se equipam para fazer boletins de ocorrência, em vez de efetivamente combater e prevenir o crime em sua área. O que interessa mais, fazer registro e estatística ou atuar para que não aconteça?

Um grande problema, quando se procura avançar, é o de saber como desatar os nós da burocracia, como vencer os vícios e as resistências do sistema, como reduzir custos, como incorporar inovações tecnológicas, como arejar mentalidades, sem desnaturar a base constitucional do processo penal e sem transformar em ficção o direito de ampla defesa tal como consagrado nos países que abraçam o regime democrático.

É importante não esquecer que o sistema processual penal é dirigido não aos criminosos, mas aos acusados, que só serão considerados criminosos após eventual condenação. Assim, o fato de o acusado estar encarcerado, em decorrência de prisão cautelar, por exemplo, não o transforma em criminoso. Justamente, verificar se o acusado trazido a Juízo é criminoso ou não é o objetivo do processo, nunca pressuposto deste.

As pessoas estão temerosas e insatisfeitas, reagem, mas não sabem quais as soluções possíveis. As autoridades rugem, mas em geral se acomodam. As corporações querem manter seu poder e suas áreas de influência. Todo mundo sabe que tanto a cadeia como a impunidade são coisas ruins, mas é difícil vencer o maniqueísmo, os preconceitos e o conformismo.

POLÍTICA CRIMINAL

São metas legítimas de política criminal a luta contra a impunidade; o aumento dos níveis e do sentimento de segurança dos cidadãos em geral e dos aplicadores da lei em particular; a agilização e desburocratização dos mecanismos da Justiça em geral e da Justiça criminal em especial; a simplificação dos procedimentos; tudo, enfim, que permita enfrentar com segurança jurídica o problema da morosidade da Justiça, aliada da impunidade, que acaba se transformando em fator de descrédito aos olhos da população.

É um sonho de toda a coletividade a minimização dos riscos com a segurança pública, a redução das despesas inúteis e a agilização da Justiça criminal. O essencial, entretanto, é que tais soluções sejam compatíveis com a estrutura constitucional e com a legislação processual e com o devido respeito aos direitos fundamentais e à dignidade da pessoa humana.

A moderna criminologia tem apontado que um dos mais eficientes fatores de redução de violência é a consciência da comunidade da presença e acessibilidade dos mecanismos de Justiça. As imperfeições do sistema não podem servir de pretexto a um afrouxamento ainda maior das garantias, sob pena de se abrirem cicatrizes incuráveis no nosso sistema jurídico. As garantias não são só do acusado, são de cada um de nós e de toda a sociedade.

COMO SOLUCIONAR O PROBLEMA?

A melhoria das condições de segurança, com mais garantia para a vida das pessoas, depende de uma ação integrada que envolva aspectos jurídicos, mas especialmente aspectos sociais, com melhor integração nas metrópoles, onde as pessoas não se conhecem, não se reconhecem e acabam não se respeitando; ações educativas e preventivas, com mais atenção à juventude emergente e desiludida; ação cultural e melhor distribuição dos serviços públicos básicos, como saneamento, saúde e, muito especialmente, Justiça mais rápida e eficaz.

Já se comprovou, sem sombra de dúvida, que a presença do Estado com serviços sociais básicos é condição indispensável para que a população não se sinta excluída e possa confiar na administração. Mais do que isso, ficou evidente que o acesso dos jovens aos equipamentos culturais e esportivos ajuda a mantê-los longe das organizações criminosas que procuram aliciá-los.

O investimento pode ser alto, mas a vida das pessoas não tem preço. Sem um clima de respeito ao interesse público, ao bem-estar de todos, acima de interesses pessoais às vezes escusos, será difícil convencer as pessoas de que as leis são para valer e de que as coisas podem melhorar.

Como já se viu, projetos e programas não faltam. É preciso, entretanto, filtrar o que deu certo, o que pode dar certo e fazer opções de longo prazo, com programas que possam abranger várias gestões. Trinta anos de fracassos podem exigir mais trinta de esforços e investimentos. As bandeiras efêmeras acabam desgastando a imagem de quem as propôs, pois a população quer soluções, está cansada de ilusões.

Alguns projetos federais têm avaliação positiva, tais como o Fundo Nacional de Segurança Pública (FNSP), criado em 2001 no governo FHC, e a Força Nacional, criada em 2004 no governo Lula. Uma experiência exemplar é a profissionalização e eficácia da Polícia Federal, que se orgulha de seu trabalho e não admite corrupção em seus quadros. A criação de presídios federais decorreu da implementação de planos antigos, servindo como instrumento para a luta contra as facções do crime organizado.

Pesquisadores e especialistas em segurança pública veem acertadamente com desconfiança os projetos em tramitação no Congresso, em sua maioria inócuos, quando não contraproducentes.[17]

Algumas das propostas do movimento Reage Rio podem servir para todo o país. Inicialmente, impõe-se a integração operacional de todos os órgãos envolvidos na luta contra o crime. A Constituição de 1988, ao regular a matéria, foi detalhista e, talvez para atender às corporações, fixou campos rígidos de atuação, mais do que normas de cooperação.

Fica claro que cada estado da federação, isoladamente, não dá conta de lidar com o fenômeno do crime organizado. Um papel maior da União é necessário, inclusive para uniformizar cadastros e estatísticas, bem como evitar distorções regionais no combate à criminalidade. O número de mortes violentas nas regiões Norte e Nordeste, por exemplo, justifica uma análise vinda de fora de cada estado, em busca de causas e remédios.

Parece evidente que os municípios deveriam ter um papel maior no combate à violência. Em tese, a Constituição limitou as guardas municipais à "proteção de seus bens, serviços e instalações". Na prática, esse papel se ampliou, mas as polícias estaduais não querem perder suas áreas de influência. Enquanto as polícias disputam espaço, o crime se espalha.

O investimento permanente é uma necessidade. Que ânimo tem o policial para trabalhar com veículos em mau estado, sem combustível ou com equipamento obsoleto? Os salários têm que ser dignos e pagos em dia. As greves da polícia são um absurdo, mas não pagar salários devia ser considerado, no mínimo, crime de responsabilidade.

Há questões que, embora mexam com tabus, precisam ser encaradas pelo ângulo da saúde pública, como o consumo de drogas e a prática do aborto. No caso deste último, além de haver pouquíssimos processos, há milhares de vítimas com danos permanentes ou mortes em decorrência de práticas clandestinas.

A legislação de armas e os mecanismos de controle de material bélico precisam ser atualizados e exercidos com rigor. Em matéria de crimes contra a vida, deve haver prioridade absoluta tanto na prevenção como no processo e julgamento.

Ações de ordenamento urbano são fundamentais. Há notícia de municípios pequenos no Nordeste em que a população praticamente dobrou em função de programas de habitação popular. Com a quebra da harmonia que prevalecia entre os moradores, a violência cresceu em proporção geométrica e atingiu a escala das grandes cidades. Às vezes, um programa que tem a melhor das intenções pode provocar efeitos colaterais absolutamente nefastos.

Três fatores, entretanto, parecem ser os primordiais. Em primeiro lugar, a implantação do tão falado Sistema Único de Segurança Pública (Susp). Em seguida, a modernização racional das políticas criminal e penitenciária, com ampliação dos sistemas de dados e informações e maior acesso por parte da sociedade civil. Por fim, a supremacia dos mecanismos de inteligência, análise e planejamento, privilegiando uma engenharia de segurança que permita superar acomodações e corporativismos.

O combate ao crime organizado foi discutido no Rio em seminário do Instituto Innovare, em 2011, com especialistas como Marcio Thomaz Bastos, José Mariano Beltrame e Sergio Moro.[18] Algumas sugestões foram apoiadas por todos, como capacitação de servidores, aliada ao uso de novas tecnologias; aprimoramento do sistema de troca de informações; desenvolvimento de sistemas de comunicação compatíveis para troca célere de dados; utilização dos sistemas de cooperação direta internacional e implantação de um sistema internacional efetivo de proteção à testemunha e réus colaboradores.

No grande debate nacional, destaca-se a visão concisa e objetiva do jornal *Folha de São Paulo*:

> A despeito do crescimento contínuo da população carcerária, os índices de criminalidade continuam em alta na maior parte do país, sendo particularmente alarmantes no Nordeste. Os dados mostram a necessidade de uma reorientação das políticas de segurança. A superlotação das prisões acaba por proporcionar mais quadros e influência ao crime organizado. A polícia deveria ser mais bem treinada e substituir a lógica do confronto pela prevenção e inteligência. A Força Nacional de Segurança Pública (formada por policiais cedidos ao governo federal), não o Exército, deveria atuar em situações de emergência. Em tese, com o amadurecimento legislativo, a pena de prisão deveria ser reservada apenas aos criminosos que representem risco de violência.[19]

Toda a visão moderna da criminologia destaca que a punição do crime, para ser eficaz, deve ser rápida e clara, e não precisa ser longa. Antigamente, um homicídio mobilizava toda a população à espera do julgamento do júri popular. Hoje, passa-se às vezes uma década antes do veredito sobre um caso que já foi esquecido ou mesmo superado pelo choque provocado por outros mais recentes.

Penas curtas, aplicadas em pouco tempo, servem como armas de dissuasão. A certeza de enfrentar a Justiça é mais importante do que o risco distante de uma pena longa.

É preciso mostrar à sociedade que essas mudanças não visam "beneficiar" os presos. Visam, isto sim, instaurar um sistema efetivo e racional de justiça criminal, restaurando a crença na justiça, na constituição e, com isso, afastando as ameaças cada vez mais presentes dos inimigos da democracia.

"Quereis prevenir os crimes?", indagava Beccaria já no século XVIII: "que as leis sejam claras e que não favoreçam determinada classe da sociedade; que protejam, igualmente, todos os seus membros; que a liberdade caminhe acompanhada da luz, difundindo-se a cultura; que se recompense a virtude. É preferível prevenir os delitos a precisar castigá-los. Todo legislador, verdadeiramente prudente, há de procurar impedir o mal". Quem sabe no século XXI possamos colocar em prática um pouco dessa sabedoria universal.

Notas

[1] Disponível em <https://www1.folha.uol.com.br/cotidiano/2018/02/planos-de-seguranca-publica-sao-engavetados-a-cada-novo-governo-federal.shtml>, acesso em 5 mar. 2018.
[2] Pesquisa CNI – Ibope, disponível em <http://www.portaldaindustria.com.br/agenciacni/noticias/2017/03/70-dos-brasileiros-mudaram-seus-habitos-em-funcao-da-violencia/>, acesso em 9 abr. 2018.
[3] Disponível em <http://www.valor.com.br/imprimir/noticia_impresso/5227907>, acesso em 5. mar. 2018.
[4] Vide o clássico Scipio Sighele (1868-1913), *La Folla delinquente*, *La Foule criminelle* ou *A multidão criminal*. Para Enrico Ferri, "Nos fatos psicológicos, a reunião dos indivíduos não dá um resultado igual à soma de cada um um deles".
[5] Matéria de capa do *Le Figaro*, de 14 de fevereiro de 2018.

[6] "Crime and Murder in 2017" e "What Caused the Crime Decline?", Brennan Center for Justice, New York University of Law.
[7] Estudo Global sobre Homicídio 2013, UNODC - Escritório sobre Drogas e Crime das Nações Unidas.
[8] Instituto de Pesquisa Econômica Aplicada – Ipea e Fórum Brasileiro de Segurança Pública, disponível em <http://www.ipea.gov.br/atlasviolencia/download/2/2017>, acesso em 5. mar. 2018.
[9] Disponível em <https://www1.folha.uol.com.br/cotidiano/2018/02/agencia-lupa-deputados-confundem-dados-ao-votar-decreto-de-intervencao-no-rj.shtml>, acesso em 5 mar. 2018.
[10] Revista *IstoÉ*, 2 de setembro de 1987.
[11] Gilberto Velho, "As vítimas preferenciais", em "Violência", encarte especial de *Ciência hoje*, suplemento ao v. 5, n. 28, jan.-fev. 1987.
[12] Dom Odilo P. Scherer, "É possível acabar com a violência?", *O Estado de São Paulo*, 10 de fevereiro de 2018, p. 2
[13] Redação, "Crescimento do crime organizado no Rio de Janeiro já dura 30 anos", Revista *Exame*, 27 de novembro de 2010.
[14] Karina Biondi, *Junto e misturado*, São Paulo, Terceiro Nome, pp. 240-244.
[15] Disponível em <http://www.justica.gov.br/seus-direitos/politica-penal/documentos/infopen_dez14.pdf>, acesso em fev. 2018.
[16] Disponível em <http://www.cnj.jus.br/noticias/cnj/84371-levantamento-dos-presos-provisorios-do-pais-e-plano-de-acao-dos-tribunais>, acesso em 5 mar. 2018.
[17] *O Globo*, Rio de Janeiro, 22 de fevereiro de 2018, p. 9.
[18] Rio de Janeiro, 10 de junho de 2011. Disponível em <http://www.premioinnovare.com.br/index.php/noticia/combate-ao-crime-organizado-e-tema-de-seminario-promovido-pelo-innovare>, acesso em 5 mar. 2018.
[19] "O que a Folha pensa?", *Folha de S.Paulo*, 18 fev. 2018. Disponível em <https://www1.folha.uol.com.br/poder/2018/02/o-que-a-folha-pensa.shtml>, acesso em 5 mar. 2018.

Glauco Arbix

Professor titular de Sociologia da USP

Ciência e tecnologia

O mundo mudou muito nos últimos dez anos. O Brasil também. Mas enquanto os países avançados e um grupo de emergentes, liderados pela China, trilham novos caminhos a partir do avanço acelerado das Tecnologias e Inovação (T&I), o Brasil se debate para superar uma crise que mutilou a capacidade de investimento do Estado, corroeu a confiança das empresas e derrubou o investimento público e privado em áreas essenciais para o país.

Se não houver tranquilidade e maturidade para reverter a regressão na área social, na educação, na saúde e no aumento das desigualdades, a distância que nos separa do mundo civilizado, que já era grande, tenderá a se ampliar. Ciência, Tecnologia e Inovação (CT&I) são peças essenciais para impedir que o país se perca nas margens do mundo.

Nas circunstâncias atuais, se o Brasil continuar na mesma toada, as consequências negativas para a reestruturação da economia serão amplas e profundas. Na esfera da CT&I, provavelmente colocarão em risco o sistema nacional a duras penas construído nos últimos 20 anos. Esse sistema articula os agentes, as instituições, as leis e as normas que regem o ambiente em que se desenvolvem as inovações. Apesar de incompleto, imperfeito e recente, é o mais importante ponto de apoio que o Brasil possui para entrar em sintonia com as profundas transformações que sacodem os países mais desenvolvidos. A economia brasileira, que é, em geral, de baixo desempenho e dependente de *commodities*, pode se tornar refém de sua própria ineficiência se não conseguir se embeber com mais tecnologia e assim alterar os padrões de produtividade e competitividade.

No momento em que o governo se orienta prioritariamente para o reequilíbrio das contas públicas e as empresas, além de sua sobrevivência, começam a esboçar planos de uma lenta retomada da economia, é oportuna a discussão de um conjunto de ideias-força e de um roteiro capaz de oferecer linhas de futuro para o país. Seja qual for o *script*, CT&I, em dobradinha com a educação, merecem ocupar lugar de honra. São áreas movidas à inventividade e ao engenho, têm foco na descoberta e na geração de conhecimento. Por isso mesmo são imprescindíveis para o país.

Dado seu caráter estratégico, devem obrigatoriamente ser caracterizadas como prioritárias, como orienta a própria Constituição brasileira, ainda que nem sempre respeitada por nossos governantes. Por isso, as proclamações não bastam. É preciso perceber o rebatimento da prioridade no orçamento da União e dos estados, na transversalidade institucional e na sua estabilidade como diretriz pública. Sem isso, CT&I continuarão a ser vistas apenas como subproduto do crescimento econômico, como se deu na história do Brasil, com raros momentos de exceção.

As sugestões aqui esboçadas, portanto, pressupõem a necessária priorização das áreas de CT&I, de modo a estancar a dilapidação do trabalho já realizada nas últimas décadas e a abrir um novo capítulo na história do país. A base estará no esforço para criar um ambiente amigável para as empresas inovarem, com regras claras, sem burocracia excessiva, com infraestrutura de qualidade, com um sistema de financiamento e instrumentos públicos adequados, e incentivos claros para permitir que as empresas acompanhem, ainda que modestamente, as novas tendências mundiais.

O que se espera, portanto, é que o governo execute uma nova geração de políticas de inovação e de tecnologia, que não faça mais do mesmo e que ajude, efetivamente, a modelar nossa economia de modo a caminhar no sentido do desenvolvimento sustentável e ambientalmente responsável.

O QUE ESTÁ MUDANDO?

Atualmente, a centralidade da evolução tecnológica é flagrante, tanto para as economias e o mundo dos negócios quanto para os governos. Os impactos são visíveis e tendem a modificar o metabolismo do universo da produção, dos serviços, da agricultura e do comércio. As transformações em curso são tão poderosas que todos os países que aspiram um lugar de importância no concerto das nações tratam tecnologia como um bem especial.

Nos países desenvolvidos, um avanço inédito nas tecnologias de informação e comunicação, impulsionado por saltos na computação, na eletrônica, no sistema espacial e em sistemas digitais integrados, tem aberto novos caminhos para as economias e tem viabilizado ganhos consistentes de produtividade ao diminuir o peso relativo de custos de desenvolvimento, de salários e mesmo de escala.

Uma nova geração tecnológica toma corpo a partir da digitalização, da integração de sistemas e da automação. Em sua face pública, essas tecnologias recebem o nome de inteligência artificial e *machine learning*, *big data*, *analytics*, robótica, biotecnologia, nanofabricação e outras, que se combinam com novos materiais, medicamentos e novas fontes de energia. Sensores e acionadores avançados permitem o redesenho do mundo industrial, assim como a integração de produtos, insumos e máquinas dá corpo e alma para a Internet das Coisas.[1] Todos os governos dos países avançados procuram se apropriar e desenvolver essas tecnologias nascentes para, com isso, manter ou ampliar sua influência, seus mercados e seu alto padrão de vida.

A Alemanha, os Estados Unidos, o Japão e o Reino Unido saíram na frente nesses novos domínios. A Coreia do Sul acompanha de perto esse grupo e, em algumas áreas (comunicação, eletrônica e robótica), até mesmo exibe desempenho superior. A China, que já ultrapassou os Estados Unidos na produção manufatureira, ampliou e consolidou seu sistema de Pesquisa e Desenvolvimento (P&D),[2] diversificou a produção de bens de maior complexidade e tende a ocupar a posição de liderança também em processos industriais mais avançados. De forma correlata, as pesquisas realizadas em suas principais universidades se equiparam às mais avançadas do planeta, em trajetória desenvolvida, majoritariamente, nos últimos 20 anos.

Com base nessa rápida evolução, antes mesmo que um novo paradigma tecnológico seja consolidado, um novo mapa do mundo começou a ser desenhado com o reposicionamento dos países no cenário internacional e a emergência de novos personagens (em especial a China, mas também Índia, Coreia, Taiwan e Singapura), que deslocam ainda mais o mundo pós-Guerra Fria. Sua preocupação é aproveitar as oportunidades para elevar o patamar de suas economias e o padrão de vida de suas populações. Para os países desenvolvidos, trata-se de manter ou ampliar sua posição de liderança.

Dado o seu poder de impacto econômico, geopolítico e social, o que os países pretendem é, de fato, o desenvolvimento de estratégias com objetivos nacionais e instrumentos capazes de orientar e pavimentar sua conexão com o futuro. Em outras palavras, todos os países que aspiram à elevação de seu *status* se esforçam para não perder as oportunidades abertas pelas novas tecnologias. Por isso mesmo, as estratégias mais recentes voltam-se, prioritariamente, para a elevação do padrão da malha produtiva e de serviços, tanto pela via do aumento da produtividade quanto pelo incentivo à formação de novas indústrias e setores econômicos. Essas iniciativas ocorrem em ambientes que contam com economias relativamente abertas e se afastam, como regra, de práticas protecionistas, compreendidas como inibidoras da inovação.

Em geral, seus objetivos não se reduzem a preencher lacunas de cadeias produtivas (diretriz historicamente predominante no Brasil) ou a se fixar na diminuição de déficits nas balanças comerciais; é a busca de eficiência e do avanço tecnológico que deve orientar os processos de inovação. Desse ponto de vista, nos países emergentes, apesar de muitas vezes receberem a denominação restritiva de "políticas industriais", mostram-se mais abrangentes do que as experiências de substituição de importações, pois englobam os serviços, o comércio exterior e enfatizam o P&D empresarial. Uma diferença flagrante com o passado e de especial importância para a América Latina, permeada pelas ideias da Cepal.

As novas estratégias têm como alvo a diversificação produtiva, um imperativo para países como o Brasil, que precisam urgentemente superar a extrema dependência dos produtos padronizados. É importante lembrar que a crise econômica e o comprometimento de um conjunto de empresas com práticas inescrupulosas interromperam um movimento de diferenciação produtiva em curso desde os anos 1990, a começar pela Petrobras. Para tanto, apoiam-se fortemente nos fluxos de conhecimento, pois as características da economia mundial praticamente vedam os caminhos do desenvolvimento para economias fechadas, mesmo as de perfil continental, como, por exemplo, a chinesa, a brasileira, a russa e a indiana. Ganham peso, portanto, a intensificação do comércio exterior e a inserção no comércio mundial via integração e participação nas cadeias globais de alto valor agregado. Isso significa que as economias se apoiam no mercado interno, mas procuram estrategicamente o externo.

Mas é no surgimento de novas empresas, mais ágeis e ousadas, que repousa grande parte da nova base da economia do futuro. Por isso, o movimento a ser incentivado é o que permite a migração de trabalhadores de empresas e indústrias de baixo desempenho para outras mais dinâmicas e de maior eficiência. O apoio ao desenvolvimento do mercado de Venture Capital, em todas as suas modalidades, torna-se central, pois significa o amadurecimento dos instrumentos mais apropriados ao apoio às *startups*, micro, pequenas e médias empresas, que pedem uma remodelagem do ambiente legal-regulatório no sentido de torná-lo mais amigável ao surgimento de novos negócios.

Em geral, as novas estratégias nascem marcadas pela busca de processos produtivos mais limpos e sustentáveis – na direção de uma economia de baixo carbono – em sintonia com as bases de uma sociedade mais diversificada, inclusiva e democrática. Não à toa ganham destaque os sistemas de informação, coordenação e governança, obrigatoriamente mais abertos e transparentes.

Como estratégias de Estado, mobilizam recursos políticos, financeiros e institucionais desses países, de modo a promover sinergias com a iniciativa privada e o compartilhamento e a diminuição dos riscos da inovação. Como regra, porém, distanciam-se das tentações dirigistas que marcaram as políticas industriais do século xx.

MISSION ORIENTED E REDES DE INOVAÇÃO

Governos os mais diferentes buscam modernizar e aperfeiçoar seus sistemas de inovação de modo a torná-los mais eficientes e diversificados. Esse movimento de diversificação renovou o interesse por alguns paradigmas tecnológicos motivados por desafios, os chamados de *mission oriented*, que trabalham com foco e precisam apresentar resultados como medida de eficiência.

Algumas experiências internacionais ajudam a visualizar a importância da diversificação institucional e das atividades orientadas para missões, como a Defense Advanced Research Projects Agency (Darpa), agência de tecnologia das Forças Armadas dos Estados Unidos. Originada nos anos 1950, distanciou-se dos modelos mais tradicionais de se fazer Ciência, Tecnologia e Inovação (CT&I) e consolidou um sistema construído pela demanda pública, de tipo *top down*, sustentado por uma rede de gestores, pesquisadores, consultores e fornecedores de ponta. Um sistema em que instituições públicas e privadas se associam para desenvolver pesquisa disruptiva de qualidade, orientada para resultados entre três a cinco anos em média. A Darpa viabilizou saltos tecnológicos enormes ao estimular consórcios e coalizões entre empresas e universidades, entre pesquisadores e centros de pesquisa, como a internet e o GPS, tecnologias geradas inicialmente para fins militares e abertas no princípio de sua maturidade ao mundo civil. Trata-se de uma agência com cerca de 200 funcionários públicos, contratados em regime especial e que não seguem as regras normais do serviço público norte-americano quanto à remuneração, prêmios, jornada e outros. Os gestores e consultores de projetos, essenciais para o sucesso da agência, são contratados por sua competência, por 3 a 5 anos. É uma agência compacta, com funcionamento ágil e simplificado, mas com autonomia na definição dos temas de pesquisa. Os recursos por projeto, nada exorbitantes, só alcançam alto grau de eficiência graças ao ecossistema de pesquisa construído e alimentado pelos projetos da Darpa ao longo dos anos.

Esse novo modelo, criado por conta da Guerra Fria no final dos anos 1950, começou a ser estendido para outras áreas, como em energia, com a criação da Advanced Research Projects Agency-Energy (Arpa-E), uma agência civil movida por desafios tecnológicos. Como a Darpa, a Arpa-E transfere recursos para coalizações de universidades e empresas, facilita o fluxo de conhecimento interinstitucional e estimula a interação e absorção de novas técnicas.

O estilo Darpa chama atenção pela sua atuação, em que o interesse público (na área de defesa ou de energia) ordena a pesquisa científica e tecnológica e conta com estabilidade de *funding* e autonomia para desenvolver projetos de ruptura que muitas vezes fracassam. O orçamento anual da Darpa varia entre US$ 2 a 3 bilhões, com retorno imenso, mas dificilmente calculável, seja em termos militares ou civis. É certo que a legislação brasileira não permite que o funcionário público seja contratado sem concurso e goze de regime diferenciado de trabalho, como nos Estados Unidos. Mas também é certo que a diversificação institucional, a autonomia e a inversão da metodologia tradicional (*bottom-up*) de apresentação de projetos (seja do pesquisador, seja da empresa) poderiam servir de inspiração para a criação de um ecossistema de excelência, que se somaria ao existente e que enriqueceria enormemente o sistema de inovação no Brasil.

A necessidade de diversificação é permanente, como demonstram as trajetórias dos países avançados, que procuram responder, institucionalmente, às transformações constantes da CT&I. Isso significa que a diversificação é necessária não somente para ter mecanismos diferentes, mas porque a evolução tecnológica exige ferramentas e mecanismos novos para equacionar e controlar a inovação.

No mosaico do sistema de CT&I norte-americano, experiências como as da Darpa, dos institutos Fraunhofer (na Alemanha, que inspirou a Embrapii) e a necessidade de retomar a liderança na indústria contribuíram para a concepção da última geração de instituições, a exemplo dos institutos criados pela Manufacturing USA, antiga National Network for Manufacturing Innovation, voltada para o desenvolvimento de manufatura avançada nos EUA. São instituições que integram a pesquisa básica em processos amplos, que abrangem até os estágios mais maduros do desenvolvimento da inovação.[3] Até 2017, nove unidades estavam implantadas, como se pode ver a seguir:

Institutos	Localização	Foco
National Additive Manufacturing Innovation	Youngstown, Ohio	Impressão 3D e manufatura aditiva
Digital Manufacturing and Design Innovation	Chicago, Illinois	Design e manufatura digital
Lightweight Materials Manufacturing Innovation	Detroit, Michigan	Materiais leves
Next Generation Power Electronics Institute	Raleigh, Carolina do Norte	Semicondutores
Advanced Composites Manufacturing Innovation	Knoxville, Tenessee	Compósitos avançados
American Institute for Manufacturing Integrated Photonics	Rochester, Nova York	Fotônica e circuitos integrados
Flexible Hybrid Electronics Manufacturing Innovation	San Jose, Califórnia	Eletrônica híbrida flexível
Advanced Functional Fabrics of America	Cambridge, Massachusetts	Tecidos e fibras inteligentes
Clean Energy Smart Manufacturing Innovation	Los Angeles, Califórnia	Energia renovável

Atividades com foco e prioridades, em meio a um sistema em constante diversificação, são encontradas em praticamente todos os países desenvolvidos, a exemplo do Plano para o Crescimento do

Reino Unido (2009), a nova política industrial japonesa em 2010, o Fundo de Investimento Estratégico da França (2011), o Made in China 2025. São planos e programas que ganharam destaque por conta de sua alta ambição tecnológica e por experimentar modelos inovadores de contratação, *funding* e funcionamento. Somados à proliferação das redes de pesquisa e inovação, que têm formado uma miríade de ecossistemas nacionais internacionais, tornaram-se, por isso mesmo, mais complexos e exigem políticas públicas cada vez mais avançadas para dar conta da interdependência dos agentes, da multiplicidade de iniciativas e da rapidez das interações.

A disseminação de ferramentas como os fundos de capital semente, incubadoras e aceleradoras de empresa, redes de mentoria e de monitoramento, parques tecnológicos, assim como de novos instrumentos de avaliação tornou-se recorrente nos países que procuram se manter vivos na arena internacional. O mesmo ocorre com os mecanismos de governança e de avaliação, que precisam ser cada vez mais transparentes, sistemáticos e eficientes, para que o ecossistema possa funcionar e oferecer resultados à sociedade.

O fato é que as novas realidades da produção de CT&I desafiam o setor público e o privado a construírem ambientes mais flexíveis, sem a tradicional rigidez das burocracias, voltados para resultados e que sejam capazes de avaliar e de se avaliar constantemente. O Brasil não é desbravador nem pioneiro no desenvolvimento das novas tecnologias. Por isso mesmo, a criação de áreas mais ágeis tem se mostrado essencial para alimentar continuamente os processos de cópia, de absorção e de aprendizagem tecnológica que sustentam o desenvolvimento de T&I.

EXPERIÊNCIAS INTERNACIONAIS QUE CONTAM

A Organização para a Cooperação e Desenvolvimento Econômico (OCDE) sistematizou um conjunto de instrumentos de apoio à inovação, utilizados e desenvolvidos pelos principais países avançados, que dão um panorama de seus objetivos e funções.

Principais instrumentos públicos de inovação

Categoria	Instrumentos/Demanda	Instrumentos/Oferta
Direto	Subvenção e subsídios	Encomenda Pública
	Financiamento • Crédito • Garantias de crédito	Licitações
		Compras diretas
		Prêmios e competições
	Equity • Participação como dívida • Participação como direito	Apoio à demanda privada
	Equity • Fundos de *venture capital* • Fundos de Fundos	Plataformas de inovação
	Redes • Consultoria técnica • Negócios • Mentoria	Encomendas Públicas Garantia de Compra Estratégias de Defesa
	Extensionismo	
	Vouchers	
Indireto	Incentivos fiscais • Corporativos • Pessoais	Institutos Tecnológicos Padronização
		Mecanismos de articulação usuários-desenvolvedores

Fonte: OECD Science, Technology and Industry Outlook. Paris, 2014.

Com pequenas variações, o Brasil possui mecanismos semelhantes aos apresentados pela OCDE. Ou seja, do ponto de vista da arquitetura do sistema, o país construiu nos últimos 30 anos um conjunto moderno, nada desprezível, de ferramentas voltadas para o apoio à CT&I.

O nó da questão é que no Brasil, e na maior parte dos emergentes, as instituições raramente funcionam como o planejado.

Lembrem-se que após os trabalhos seminais de Joseph Schumpeter no século passado, as pesquisas sobre inovação praticamente desapareceram do mapa da economia e das preocupações de grande parte dos economistas. Quando muito, eram tidas como marginais ou residuais.[4] A explosão do Silicon Valley (Califórnia) e a ascensão do Japão e dos Tigres Asiáticos (Coreia do Sul, Hong Kong, Singapura e Taiwan) deflagraram uma nova onda de estudos com foco nas relações entre inovação e desenvolvimento econômico, capacidade de absorção, aprendizagem e responsabilidades do setor público. Foram os emergentes que conseguiram emergir (o que é raro), que deflagraram a busca de novas réguas e compassos adequados para capturar a natureza do conhecimento produzido nos países atrasados. Concebidos para avaliar experiências de países desenvolvidos, aqueles estudos não conseguiam explicar as dificuldades institucionais peculiares de transferência e aprendizagem tecnológica nos países que tentavam buscar o desenvolvimento.

O elemento de confusão é que as organizações e instituições instaladas nos países emergentes, apesar de formalmente semelhantes às dos países avançados, atuam de modo muito distinto do sugerido pelas teorias institucionalistas tradicionais. Em países como o Brasil, as normas, os padrões e as regras típicas dos sistemas burocráticos de inspiração weberiana não funcionam adequadamente. Características como regularidade, padronização e mesmo impessoalidade fazem parte de suas missões, mas são entrelaçadas por uma malha informal que está na base das múltiplas interpretações da lei e das regras, do modo de execução, do uso dos recursos, das contratações e da influência cultural e política. Basta olhar para a China, um país governado por um partido comunista, autoritário e único, cujos avanços dificilmente são explicados pelas teorias econômicas clássicas e mais ortodoxas. As sociedades procuram sempre novos caminhos para romper os obstáculos que travam seu bem-estar, mesmo quando as teorias não conseguem orientá-las. Essa é a base da vitalidade da China, que apresenta resultados positivos e cujo funcionamento permanece opaco às métricas construídas para sociedades ocidentais e democráticas.

Nos países em desenvolvimento, o comportamento dos governos exibe uma sequência de descontinuidades (e um eterno recomeço) de programas e diretrizes por conta das mudanças de mando no universo da política.

A incerteza faz parte do DNA dos processos de inovação, não importa o país em que está sendo desenvolvida, pois é impossível prever antecipadamente o sucesso dos produtos e processos novos, assim como seu valor de mercado ou sua aceitação pelos consumidores.

A diferença é que os mecanismos de mercado, que funcionam em economias mais maduras, compensam a opacidade inerente à inovação com mais informação, maior previsibilidade de retorno do investimento, com um sistema de patentes eficiente e instrumentos de compartilhamento e mitigação de risco oferecidos pelos governos. O bom funcionamento dos mecanismos institucionais ajudam a contrabalançar o peso da incerteza e funcionam como estímulo aos empreendedores.

Em países como o Brasil, os desafios se colocam de modo distinto, pois, embora as instituições existam, elas não conseguem atuar de modo constante para diminuir a insegurança natural do processo inovador, o que acaba gerando uma espécie de dupla incerteza por conta da presença de instituições com déficit de legitimidade cultural e social.[5] Com sobreposição de funções, disputas entre órgãos e pressionada pela insegurança jurídica, essas instituições não seguem as regras do bom planejamento, convivem com um orçamento flutuante e não dão seguimento nem à sua lógica de atuação nem aos seus programas, objetivos e políticas.

No Brasil, o rebatimento dessa inconsistência na atividade de inovação das empresas é pleno de consequências, pois o mau funcionamento das instituições passa a ser fonte extra de insegurança. Por conta dessa realidade, as empresas são levadas a contabilizar a incerteza nos custos de inovação e, como forma de compensação, abandonam os projetos de longo prazo, utilizam técnicas e equipamentos disponíveis, mas nem sempre adequados, diminuem sua ambição tecnológica e aumentam dispêndios com seguros e salvaguardas. Em outras palavras, reformulam suas estratégias de inovação e diminuem os horizontes de crescimento da empresa. Muito frequentemente pressionam os governos, que, tradicionalmente, respondem com novos planos e, não raro, com mecanismos de proteção. Se acrescentarmos as dificuldades das pequenas e médias empresas, as mais atingidas por esse comportamento imprevisível, teremos um quadro hostil à inovação exatamente nos países que mais precisam inovar e oxigenar sua economia com novos empreendedores e empreendimentos mais ousados.

Nessas condições, propostas do governo brasileiro convidando as empresas a desenvolverem inovações radicais soam bonitas no papel, mas são ineficazes no mundo real, como o debate sobre os avanços da chamada Indústria 4.0 (na Alemanha), da Manufatura Avançada (nos EUA) ou da Indústria do Futuro (como na França e China) estampou. São raríssimas no Brasil as empresas preparadas para controlar, mesmo que parcialmente, tecnologias de impacto como Inteligência Artificial, *big data*, robótica e outras. É importante o apoio público a esse pequeno grupo de empresas. Mas é fundamental que o Brasil expanda e massifique a inovação incremental, que procure aumentar sua eficiência e desenvolva os meios para absorção e aprendizagem tecnológica, em especial das pequenas e médias empresas, de modo a abrir o caminho para a integração de alguns segmentos nas cadeias globais de alto valor agregado.

O ambiente de investimento em inovação precisa mudar. E rápido. Senão continuaremos perdendo tempo precioso identificando na (má) vontade das empresas os baixos níveis de desenvolvimento tecnológico. Mais ainda, o Brasil é um país com elevado grau de heterogeneidade, e, por isso mesmo, diferentes estratégias de inovação podem – e devem – coexistir, o que nem sempre frequenta os planos de governo.

ONDE ESTAMOS?

Nos últimos 30 anos, o Brasil ampliou e fortaleceu o sistema de inovação e está formalmente atualizado no apoio às empresas e universidades. Na mesma direção, a produção científica brasileira em nossas universidades, centros de pesquisa e na pós-graduação avançou significativamente, o que ajudou a tornar mais robusto o sistema de inovação. O Brasil de hoje é capaz de produzir conhecimento de relevância internacional, há grupos de pesquisadores em redes internacionais e muitos projetos têm se mostrado importantes, inclusive para a chamada *big science*.[6]

Apesar desses passos significativos, o Brasil se encontra muito defasado em CT&I. A nova onda tecnológica não encontra suporte em nossa produção de conhecimento nem em nossas empresas, com raras exceções pontuais (como na Petrobras e na Embraer), que apenas confirmam a regra. Para ilustrar o patamar em que nossa economia se encontra, seguem alguns registros que acabam de ser divulgados pela Federação Internacional de Robótica (IFR, 07.02.2018)[7] sobre instalação e uso de robôs, componentes essenciais da automação das economias e essenciais para a construção da nova economia digital.

Segundo a IFR, a automação acelerou nos últimos cinco anos e elevou a média de robôs por 10 mil empregados de 66 unidades, em 2015, para 74 unidades, em 2016, no mundo. Os dez países com maior número de robôs são: Coreia (631 robôs), Singapura (488), Alemanha (309), Japão (303), Suécia (223), Dinamarca (211), Estados Unidos (189), Itália (185), Bélgica (184) e Taiwan (177). Quando avaliados por região, a Ásia apresentou o maior crescimento: de 2010 a 2016, o crescimento foi de 9% ao ano. A América do Norte cresceu 7% e a Europa, 5%. A China é o país com crescimento mais intenso: em 2013, possuía 25 unidades por 10 mil empregados e saltou para 68, em 2016.[8]

O Brasil, segundo o mesmo relatório, possui 10 robôs para cada 10 mil empregados, atrás da Grécia (17 robôs), Argentina (18), Turquia (23), México (31) e Portugal (58), todos abaixo da média mundial de 74 unidades.

Baixos indicadores de robotização não permitem uma avaliação conclusiva sobre o estágio da economia brasileira. Apenas sugerem que se continuarmos travados e tímidos em relação aos avanços tecnológicos, corremos o risco de perder, mais uma vez, uma oportunidade histórica, como ocorreu com a onda da microeletrônica nos anos 1970 e 1980.

Para além dos robôs, o sistema brasileiro de inovação demonstra pouco dinamismo e paga um enorme preço pela *incerteza estrutural* e pelas imensas dificuldades de definição de foco e prioridades, o que está na raiz dos efeitos deletérios resultantes da pulverização do investimento. Ou seja, ainda que o sistema careça de estabilidade e de volume de recursos, a qualidade do dispêndio público não é boa. A fragmentação do investimento dificulta a construção de um sistema de CT&I de alto impacto científico, tecnológico, econômico e social, pois favorece apenas a produção de conhecimento de pequena escala e sem foco em resultados. É razoável que uma parte dos recursos seja orientada para a irrigação da base do sistema. Mas não é essa a trajetória do investimento em CT&I. Isso significa que o problema da CT&I no Brasil está longe de ser creditado apenas à falta de recursos. O modo como o investimento é realizado pede, urgentemente, uma avaliação confiável, de preferência por analistas internacionais, sobre a qualidade do dispêndio público.

A mais recente versão da Pesquisa de Inovação (Pintec), apresentada pelo IBGE[9] oferece informações que ajudam a compreender parte deste debate.

A Pintec captou que 36,4% das empresas brasileiras (relação entre o número de empresas inovadoras contra o total de empresas pesquisadas; nesta última edição, foram cerca de 132 mil) inovaram no período de 2012-2014, o que representa uma situação de estabilidade, diante dos 35,5% registrados pela versão anterior. No entanto, se a referência for o período de 2006-2008, que mostrou uma taxa de inovação de 38,1%, observa-se uma queda mais acentuada. Na indústria de transformação apenas 18,3% das empresas introduziram alguma inovação de produto e 32,7% de processo. Quando o indicador se refere à relação entre P&D total e PIB, nota-se um leve crescimento de 0,58%, em 2008, para 0,61%, em 2014.

A Pintec mostrou também uma trajetória de crescimento do suporte público à P&D nas empresas, que passou de 34%, no início dos anos 2000, para 46%, em 2014. Ou seja, as empresas se utilizam cada vez mais de recursos públicos para suas atividades de inovação. Em vários países da OCDE, esse indicador gira em torno de 60%.

Além desses pontos, a Pintec capturou mudanças na alocação do investimento empresarial com o crescimento das atividades de P&D via convênios e contratos com institutos de pesquisa ou mesmo com outras empresas. Essa alteração positiva sugere que as empresas extrapolam cada vez mais sua própria base e saem em busca da expertise necessária para realizar seus projetos em outros espaços, expandindo, assim, sua zona de competência, condição para ousar e ampliar sua ambição tecnológica.

Os resultados colhidos pela Pintec, porém, chamam atenção não só porque captaram uma estagnação em relação ao período anterior, mas também porque os anos de 2012-2014 foram marcados por um enorme esforço do setor público (via Finep, BNDES, CNPq, Fundações de Amparo à Pesquisa e demais agências) no sentido de ampliar e melhorar a qualidade e alavancar o investimento privado. Porém, os resultados positivos não apareceram e suas razões ainda continuam obscuras. É fundamental que o governo patrocine estudos sérios sobre as políticas, os programas e os instrumentos utilizados nesse período, porque tão ruim quanto a exaltação de resultados frágeis é a negação do que foi feito com base em avaliações apressadas.

Essas considerações sugerem que: (i) o estímulo ao aumento da ambição tecnológica é chave para se reduzir o déficit tecnológico atual, que separa as empresas brasileiras das práticas mais avançadas; e (ii) a elevação do investimento empresarial em P&D mantém sua atualidade como um dos principais objetivos das políticas públicas.

POR UMA NOVA GERAÇÃO DE POLÍTICAS DE INOVAÇÃO

O Brasil precisa urgentemente de uma nova geração de políticas de inovação, orientadas claramente para a elevação da produtividade da economia. Essa é a questão central que deve orientar a formulação de políticas, programas e investimento em inovação, pois o baixo dinamismo da economia dobra a espinha dorsal do país.

Para valer a pena e justificar o investimento público, o foco cristalino em inovação e no desenvolvimento tecnológico se faz essencial. Nesse sentido, as indicações a seguir, agrupadas em 12 tópicos temáticos, apresentam diretrizes e propostas para colocar o Brasil no mapa da inovação em uma geração.

1. **Construir uma visão de futuro para o Brasil**
   - CT&I são fundamentais para a construção de um país decente, menos desigual, mais civilizado, institucionalmente maduro, eticamente consciente e sustentado por uma economia dinâmica, de baixo carbono e orientada para a sustentabilidade. O Brasil tem condições de caminhar nessa direção. Mas é preciso dotar o país de uma visão de futuro, que sensibilize a nação, construída com base no diálogo e que expresse as ambições nacionais e sua disposição de se firmar por mérito no cenário internacional. A estratégia somente terá esse porte se colocar a educação e a CT&I em posição de destaque.
   - Fazer da CT&I uma prioridade nacional exige mais do que proclamações. Essa decisão deve estar estampada no orçamento, na estabilidade de suas instituições e instrumentos, na elaboração das políticas públicas, nas escolhas das empresas e na dinâmica das universidades.
   - Ponto de partida para esse trabalho de longo prazo é o reconhecimento das competências e potencialidades do país, a começar da agricultura e da agropecuária, que levaram o Brasil a se firmar como o segundo maior produtor mundial de alimentos e a se projetar como uma potência mundial em uma agropecuária embebida em muita tecnologia. De modo similar, o país tem condições de se tornar uma potência energética global, seja pela competitividade do etanol, pelo abundante mapa solar e eólico que possui, seja pelas reservas de petróleo que podem patrocinar a transição para uma economia de baixo carbono. Esses dois polos, o de alimentos e o da energia, podem ser potencializados pela biodiversidade presente na Amazônia e espalhada pelos diferentes biomas brasileiros. Agropecuária, Energia e Biodiversidade podem se articular como um tripé do futuro, base para a construção de uma visão estratégica nacional.

2. Por uma CT&I de maior impacto econômico e social

- Para aumentar o padrão de inovação no país, o primeiro passo é interromper a regressão atual e os cortes no financiamento público em todas as suas modalidades. De 2000 a 2010, o Brasil registrou crescimento contínuo do investimento público e privado à inovação. Em 2010, pela primeira vez desde sua construção, os Fundos Setoriais que compõem o Fundo Nacional de Desenvolvimento Científico e Tecnológico (FNDCT, o principal fundo de apoio à CT&I no país) receberam seu orçamento sem cortes. Foi a primeira, mas também a última vez. A partir de 2011, porém, os contingenciamentos voltaram com força, até atingirem o maior volume de cortes em 2017, compressão essa que pode empurrar o país para o início dos anos 2000. Exatamente por isso é fundamental que a sangria orçamentária seja interrompida, pois está sendo cortado uma enorme fatia do futuro do país. Retomar a trajetória ascendente do investimento público é essencial.
- O Brasil precisa urgentemente fixar e perseguir a meta de elevar o investimento em P&D ao patamar de 2% do PIB, cifra utilizada como referência para identificar a disposição dos países de aspirar um lugar de relevo no cenário internacional. Para isso é fundamental que o investimento público em P&D cresça cerca de 5% ao ano até 2030. Esse esforço deverá ser desenvolvido em conjunto com a iniciativa privada de modo a elevar o investimento empresarial em inovação, calcanhar de Aquiles da baixa produtividade da economia. E a regularidade e alocação de recursos somente será realidade se houver a celebração de um grande pacto nacional pela CT&I
- Com segurança de liberação de recursos o país poderá trabalhar com projetos e programas de longo prazo, capazes de facilitar o acesso e o desenvolvimento de tecnologias avançadas.

É a base para diversificar ainda mais o sistema de inovação, que precisa contar com a ousadia tecnológica das empresas brasileiras e da pesquisa universitária. A introdução de novas lógicas no sistema de inovação brasileiro, como programas orientados pela demanda de interesse público e com foco em resultados, pode funcionar como alavanca para a dinamização do ambiente de CT&I historicamente marcado por políticas de tipo *bottom-up*.

3. **Aumentar a competição para oxigenar a economia**
   - A produtividade brasileira encontra dificuldades para crescer desde os anos 1980: cresceu na margem ou em setores localizados. Seu baixo desempenho pode ser visto na gama de suas exportações, que expressa uma dependência enorme de produtos padronizados. *Commodities* ajudam o país, mas também são uma forte razão para a busca de uma combinação mais virtuosa, equilibrada com um significativo aumento da produção de bens e serviços de alta densidade tecnológica.
   - Para caminhar nessa direção, é fundamental que a economia brasileira seja mais inovadora. Para isso, precisa se abrir com diminuição gradativa de alíquotas e barreiras. Feita de modo responsável, a abertura torna-se um convite à inovação empresarial e permite um fluxo de técnicas e conhecimento que incentiva a aprendizagem do que ainda não sabemos fazer.
   - Esse esforço pode ajudar a produção doméstica mais eficiente e alavancar as exportações. Para exportar com padrões mais exigentes, é preciso dedicação e engenho mais sofisticados, um estímulo positivo para as empresas brasileiras. A nova geração de políticas terá de contribuir para reposicionar o Brasil em sua capacidade exportadora, com diversificação de sua gama de bens e serviços e orientação para disputar fatias de mercado

em ambientes competitivos. A busca obstinada de padrões internacionais de qualidade e eficiência é essencial para a renovação das empresas.

4. **Elevar a P&D nas empresas**
  - Após décadas, o Brasil retomou a prática de execução de políticas industriais no primeiro governo Lula. Retomada esta que nem sempre se guiou por uma linha coerente, a começar por foco e prioridades. Após a Política Industrial, Tecnológica e de Comércio Exterior (PITCE, 2004), que expressou claramente a centralidade da inovação, a Política de Desenvolvimento Produtivo (PDP) e o plano Brasil Maior, cada um à sua maneira, diluíram a preocupação com a inovação, ao ampliar seus objetivos e fixar seu foco em mais de vinte setores (no caso da PDP). No caso do plano Brasil Maior esse paradoxo foi levado ainda mais longe: além da perda de foco, os incentivos eram horizontais, intensamente baseados em subsídios, mas que premiavam muito mais as empresas menos inovadoras. Nesse ciclo aberto, em 2004, houve, porém, experimentos avançados com foco em inovação com inédita integração de instrumentos[10] e de desburocratização, como o Plano Inova Empresa, executado pela Finep e BNDES em 2013-2014. Avaliar os programas executados, aperfeiçoar os que foram exitosos, como o Inova Empresa, é fundamental para que sejam retomados.
  - A criação da Empresa Brasileira de Pesquisa e Inovação Industrial (Embrapii), em 2013, foi um passo importante na diversificação institucional e construção de ferramentas flexíveis para impulsionar a inovação nas empresas. A Embrapii deu seus primeiros passos em 2011, como iniciativa do então Ministério da Ciência e Tecnologia (MCT), e os três projetos-piloto que serviram de teste

e guia para sua construção foram executadas pela Finep. Após esse período, a Embrapii foi criada como uma organização social e a partir da assinatura de dois contratos de gestão, com o MEC e com o MCTI. Seus primeiros investimentos, de fato, começaram a tomar corpo em 2015, com o rápido crescimento da certificação de centros de pesquisa (públicos e privados), classificados como unidades Embrapii, a partir da aprovação de planejamento de médio prazo (seis anos) e voltado para o desenvolvimento de P&D em cooperação com empresas. A inspiração nos institutos Fraunhofer, da Alemanha, pode ser vista na estrutura de financiamento – em geral, um terço para a unidade, outro para a empresa e outro um terço para a própria Embrapii. Trata-se, de fato, de recursos de subvenção econômica (sem retorno para o Estado, portanto), que alavanca o investimento privado. Mais ainda, sua operação é simples, ágil e depende da atuação das empresas e, fundamentalmente, da unidade Embrapii. Ainda que pequena em termos de recursos, a Embrapii é ponto avançado de uma nova geração de instituições que não atuam apenas por projeto a projeto (como a Finep, o BNDS e o CNPq), mas a partir de recursos com foco em um plano de médio prazo e voltado a resultados. A ampliação de experiências desse calibre e com maior musculatura é chave para o sistema de inovação.

- O Brasil precisa ter senso de urgência e otimizar o uso da inteligência disponível, no setor público e privado, para dar um salto na criação de uma nova mentalidade que certamente florescerá com o uso intensivo das metodologias de tipo *problem-solving*, com foco em resultados efetivos. Quanto mais os agentes de inovação e os sistemas de apoio avançarem nessa direção, mais efetiva será a sinergia entre empresas, universidades e maior a probabilidade de elevação do patamar de impacto na economia e na sociedade. Experiências desse tipo e porte certamente contribuirão para que as empresas projetem cada vez mais suas estratégias no longo prazo, distanciando-se de políticas e programas de curto alcance.

5. **Executar o Programa Nacional de Manufatura Avançada**
   - Apesar das análises prenunciando seu fim, a indústria de transformação continua sendo imprescindível no mundo todo. Está menor, mais compacta, oferece menos empregos do que acostumava oferecer, mas seu papel desbravador, disseminador de inovações, os empregos de qualidade que gera e sua dinâmica, mesmo com menor tamanho, continuam a impulsionar a economia.
   - Por isso mesmo, é fundamental que o governo federal e os estaduais executem programas de Manufatura Avançada, voltados para ajudar as empresas a entrar em sintonia com os avanços tecnológicos que prenunciam a indústria do futuro. Aprofundar a compreensão das transformações na manufatura, da simbiose com os serviços e da capacidade integradora da informação e digitalização é objetivo que deve ordenar um Programa Nacional de Manufatura Avançada.
   - Mais do que disseminar, é fundamental que esse Programa dê apoio concreto às empresas. Conhecer as tecnologias, testar e prototipar suas inovações e conseguir apoio da inteligência universitária nem sempre é fácil no Brasil. Nesse sentido, o Programa Nacional pode articular e coordenar a implantação ou remodelagem de laboratórios de manufatura avançada, que podem ser instalados em universidades e centros de pesquisa, em articulação direta com a iniciativa privada. Na mesma direção, pode ajudar a capacitar laboratórios já existentes e orientá-los para aumentar a sinergia com o mundo empresarial.[11] Esses espaços de experimentação podem internalizar

as atividades de formação *on the job*, como forma prática de acelerar a qualificação de recursos humanos, em estreito contato com as práticas internacionais mais avançadas.

6. **Desenvolver *venture capital***
   - Como parte das iniciativas para a formação de uma nova mentalidade na economia brasileira, um lugar especial deve ser dedicado ao empreendedorismo no âmbito da inovação. Isso significa dispender enorme atenção às *startups* e pequenas empresas de tecnologia. A começar pela melhoria do ambiente regulatório, que pode gerar impactos positivos na capitalização das pequenas empresas, no arejamento do tecido produtivo e na remodelagem das cadeias de valor. Políticas com esse objetivo preparam o surgimento de novas indústrias.
   - O desenvolvimento do mercado de *venture capital* é uma necessidade. Os instrumentos que o Brasil mais oferece, como o crédito, ainda que subsidiado, são inadequados. A subvenção econômica é recurso público tão precioso quanto escasso. O compartilhamento de risco é apropriado e o que mais incentiva as empresas a inovar. O Brasil melhorou e já possui estrutura de capital anjo, semente e vários outros. Mas é muito pouco para um país que precisa de uma explosão de pequenas empresas inovadoras. Elas são fonte de novas indústrias e empresas, sacodem as mais acomodadas e trabalham com o risco de modo diferente.
   - A globalização produziu uma fragmentação dos sistemas produtivos. Partes de produtos e processos são feitos em regiões e indústrias espalhadas pelo globo. Essa modularização multiplicou os pontos de entrada nas redes globais de valor. Para as pequenas empresas oferecem novas janelas de oportunidade, relevante neste momento em que estão nascendo novos padrões industriais.

7. **Otimizar a cooperação universidade-empresa**
   - As universidades são cada vez mais reconhecidas como fundamentais para a inovação. O conhecimento que produz, os profissionais que forma, a pesquisa que desenvolve e a internalização e o pioneirismo no trato da pesquisa avançada são de extremo valor para o país e dão suporte consistente para o sistema de inovação. Apesar dos avanços em anos recentes, a universidade brasileira precisa se abrir ainda mais. A autonomia universitária continua peça insubstituível para garantir a liberdade da pesquisa e o livre curso de seus pesquisadores. Mas essa autonomia não pode servir de biombo para tornar nebulosa a transparência de sua atuação; a alocação de seus recursos e a participação no esforço do país para se desenvolver pode avançar ainda mais. É fundamental que esse debate seja aberto, organizado e realizado sem preconceitos.
   - Inovação é atividade de encruzilhada, e a interação entre áreas e disciplinas nas universidades ajuda a pensar, visualizar, conceber e pesquisar novos caminhos para a ciência e a tecnologia. Nenhuma disciplina consegue dar conta das transformações atuais, se é que deram das mudanças no passado. Tornar efetivamente a universidade mais interdisciplinar faz parte de um debate legítimo e necessário de ser realizado para que o Brasil conte com universidades de pesquisa que evoluam constantemente.
   - A simplificação do acesso da sociedade às competências e ao conhecimento produzido nas universidades impulsiona a cooperação e aumenta seu reconhecimento e valor como instituição. A criação de efetivos fundos de *endowment*, capazes de internalizar doações para financiar a pesquisa e livres das amarras legais que dificultam a captação de recursos, será a contrapartida material dessa relação mais aberta e intensa com a sociedade.

8. **Ampliar a internacionalização de empresas e universidades**
    - A multiplicação dos convênios de cooperação, ampliação do intercâmbio de informações e técnicos, o entrelaçamento de pesquisas, a participação conjunta em estudos e experimentos e a participação em eventos internacionais são bens de primeira necessidade tanto para as empresas quanto para as universidades. Apesar de avanços significativos, é preciso ampliar e aprofundar a internacionalização.
    - As novas tecnologias, com seus padrões, protocolos, equipamentos e algoritmos, estão sendo gestadas nos países avançados e em alguns poucos emergentes, como a China. Nossas universidades e empresas precisam se familiarizar e beber dessas fontes para adquirir musculatura a fim de contribuir para o seu desenvolvimento. O Brasil possui pesquisadores qualificados e empresários dispostos a entrar por esse caminho. Cabe ao setor público facilitar, articular e oferecer apoio real para diminuir a distância que separa o país das melhores práticas internacionais.
    - Um plano nacional pode alavancar esse movimento, que já começou. Principalmente porque, além do intercâmbio, as empresas precisam de suporte para ampliar a cooperação, realizar *joint-ventures*, fusões ou mesmo a aquisição de empresas ou ativos tecnológicos no exterior. Esses expedientes ajudam a abreviar o tempo de absorção e aprendizagem, crítico para o país. A experiência de países como a China, que procura internacionalizar agressivamente suas empresas, é exemplo a ser seguido.

9. **Remodelar o atual sistema de financiamento**
    - A elevação do patamar de produção de tecnologia e inovação dificilmente será realizada sem o redesenho de todo o sistema nacional de financiamento, que se mostra sem horizonte de

crescimento, engessado e esgotado, insuficiente para dar conta das necessidades do país. Para isso, é necessário – e possível – uma nova engenharia financeira para a criação de um grande Fundo Nacional de Inovação, com mais volume e flexibilidade do que o atual FNDCT e outros fundos de apoio à inovação, que seja capaz de sustentar projetos relevantes para o país. Esse Fundo poderá ser formado por parcelas de fundos já existentes – atualmente dispersos – de modo a reunir recursos para atender a demanda por inovação, via diferentes instrumentos, do crédito ao não reembolsável, da subvenção econômica ao investimento em *venture capital*. Mais ainda, a criação de um Fundo com flexibilidade e musculatura financeira estimularia a entrada no universo da tecnologia de bancos públicos e privados, praticamente distantes desse esforço nacional nos dias que correm.

- Esse novo Fundo de Inovação – a ser formado sem o apoio de novos impostos – necessitaria de uma estrutura de governança ágil e simples, capaz de se afastar das sobreposições e disfuncionalidades atuais do sistema de inovação, e que não fique restrita ao controle exclusivo dos planejadores públicos. Essa governança só conseguirá ser efetiva se conseguir envolver democraticamente todos os agentes da inovação – públicos e privados – e oferecer ao setor empresarial, responsável primeiro pelos processos de inovação, um peso majoritário em sua composição.
- Na maior parte dos países avançados, órgãos de assessoria que respondem diretamente ao presidente da República (como nos EUA) ou ao primeiro-ministro (como no Reino Unido) ou a ministérios fortes (como na Alemanha) executam essa integração entre ministérios e agências e coordenam planos e programas relevantes para o país. O Brasil não conta com

uma estrutura razoável de governança da inovação. É urgente construí-la. Coerente com a prioridade merecida pela inovação, um avançado mecanismo de governança precisa ser instalado e coordenado diretamente pela presidência da República. Sem isso, dificilmente conseguirá ter reconhecimento e legitimidade para operar programas transversais e coordenar órgãos da administração pública.

10. Reconceber o escopo de instituições e instrumentos

- Dotar o CNPq e a Finep de recursos estáveis, protegidos de contingenciamentos, seria a decisão mais apropriada a ser tomada por um novo governo, com consequências extremamente positivas para a CT&I. Pesquisa e inovação exigem perseverança, insistência e tempo para que elas possam florescer. A interrupção dos processos de pesquisa e inovação provoca perdas irrecuperáveis e abre espaço precioso para países, empresas ou universidades se mostrarem mais competitivos. Estabilidade institucional, metodológica e de *funding* é condição para CT&I de qualidade.
- A utilização do poder de compra do Estado para o desenvolvimento tecnológico é instrumento disseminado e utilizado intensamente por todos os países avançados e emergentes. O mesmo vale para as encomendas tecnológicas, que permitem aos entes públicos contratar o desenvolvimento de inovações e interesse da sociedade. Esses instrumentos, previstos na Lei de Inovação de 2004, raramente foram utilizados por conta de formulações que poderiam revelar insegurança jurídica. A lei que estabeleceu o novo marco de CT&I, aprovada em janeiro de 2016, atualizou a possibilidade de compras e encomendas, e o decreto presidencial de fevereiro de 2018 regulamentou de forma clara esses instrumentos. São instrumentos poderosos

para desenvolver inovações e devem estar previstos com destaque na nova geração de políticas.
- Com o mesmo sentido de proteger os recursos para CT&I, é importante que se abra o debate sobre um reposicionamento institucional da Finep, responsável legal pela gestão do FNDCT. A Finep opera com crédito (como se fosse um banco, apesar de não ser reconhecida como instituição financeira), subvenção econômica, *equity* e também recursos não reembolsáveis, que se destinam às instituições de C&T para equipamentos, infraestrutura e projetos de pesquisa. A Finep, porém, se vê permanentemente dividida em suas atribuições e competências, pois a escassez impõe forte disputa por recursos entre projetos e iniciativas de inovação para as empresas e o suporte necessário a universidades e centros de pesquisa. O caminho natural é o de repensar as atribuições institucionais da Finep, de modo que os recursos não reembolsáveis sejam geridos pelo CNPq e os recursos para inovação empresarial (o crédito, a subvenção e *equity*) ficassem com a Finep, a mais importante agência de inovação do país e que tem clara competência para utilizar esses recursos. A Finep teria foco concentrado na inovação, o CNPq se aproximaria ainda mais da pesquisa científica e o país ganharia em eficiência.

11. Coordenar o sistema de inovação
- Países que produziram conhecimento de relevo para a humanidade criaram no topo da pirâmide do poder político mecanismos de articulação das instituições de governo e de aconselhamento que responderam por avanços importantes em CT&I. Para dar a devida importância, reconhecimento e legitimidade à CT&I, a recomendação é criar uma área de apoio, aconselhamento e proposição de políticas ao presidente

da República. O exemplo vem de praticamente todos os países avançados. E a função desse *office* no Brasil estaria longe de ser executiva. Prioritariamente, cuidaria da articulação interna ao governo e contribuiria para tornar mais profissional o trato de CT&I na presidência da República.
- Esse *office* se encarregará de secretariar o Conselho Nacional de CT&I e um Conselho de Inovação, composto por representantes da sociedade e do governo.
- A coordenação da inovação ganhará mais corpo ainda com a construção de um sistema nacional e permanente de avaliação de programas e políticas públicas, que seja capaz de acompanhar a trajetória e o impacto de medidas de apoio à inovação. Um sistema de avaliação de desempenho transparente e que jogue luz sobre os resultados efetivos do investimento em CT&I no Brasil.

12. Intensificar a formação de profissionais qualificados
- A baixa escolaridade da população que trabalha no Brasil está na raiz da baixa produtividade da nossa economia. A elevação da escolaridade geral e a melhoria do nosso sistema educacional são peças-chave para colocar a economia brasileira em um patamar mais elevado – tema tratado em outro capítulo deste livro.
- A expansão das escolas técnicas e a elevação da qualidade da engenharia estão na raiz do esforço para tornar a economia mais inovadora. Apesar de possuir escolas de qualidade, o Brasil ocupa uma das piores posições no indicador de número de engenheiros por habitantes. Dados de 2014 mostram que a Coreia contava com mais de 20 engenheiros para cada 10 mil habitantes, o Chile em torno de 16 e o Brasil apenas 4,8. Melhorar e avançar na qualidade de nossas escolas de engenharia

é vital. Diretrizes curriculares, avaliação sistemática dos cursos, característica dos estágios nas empresas e formação e capacitação dos docentes devem integrar a pauta do debate público preocupado em elevar o patamar da engenharia brasileira. Há iniciativas nesse sentido tanto do MEC quanto de associações privadas, como a Confederação Nacional da Indústria (CNI) e a Mobilização Empresarial pela Inovação (MEI).

- Diante da emergência de novas realidades tecnológicas, a formação desses profissionais constitui o principal desafio a ser enfrentado no próximo período, tanto pelo setor público quanto pelo privado. A trajetória dos avanços tecnológicos deixa claro que para inovar, mais do que equipamentos e recursos, os países precisam de gente qualificada.

Este capítulo apresentou diretrizes e sugeriu caminhos para ajudar a economia brasileira a preparar sua aproximação das práticas mais avançadas que estão sendo desenhadas atualmente. Não ignoramos a dura realidade fiscal do Estado, a crise política do país, tampouco as dificuldades de recuperação da atividade econômica e os obstáculos ao reposicionamento da indústria. A consciência dessas limitações é plena e, por isso mesmo, há o reconhecimento explícito do grau de dificuldade que muitas das proposições enfrentarão para se tornar realidade. Ao mesmo tempo, este ensaio não foi escrito obedecendo estritamente os limites de austeridade que as crises costumam estampar, nem os constrangimentos do universo da política. Apoia-se na vitalidade do país para vislumbrar a possibilidade de superação de seus impasses. Nosso otimismo cabe no envelope da prudência, pois conhecemos nosso país. Mas não há como negar que permanece vivo um pequeno fio de esperança. Algumas sugestões estão longe de serem consensuais, porém todas foram apresentadas de modo a alimentar um saudável debate público, como manda a democracia.

Notas

[1] A denominação Internet das Coisas (Internet of Things, IoT, em inglês) se refere a um conjunto de tecnologias que permitem a conexão de máquinas, insumos, produtos, sistemas de controle, gestão e bens de consumo. Trata-se de tendência de alta tecnologia que vem sendo trabalhada intensamente nos países avançados e que promete mudar radicalmente a indústria de manufatura, ligando o mundo da produção com o de serviços, com as cadeias de suprimentos e até com os consumidores.

[2] Pesquisa e Desenvolvimento (P&D) são as duas atividades básicas que modelam, informam e dão realidade aos processos de inovação. O investimento em P&D integra o conjunto de indicadores mais importantes para identificar o nível de inovação de um país, de uma economia, de um setor produtivo ou de serviços.

[3] Com base na classificação TRL (Technology Readiness Levels – que varia de 1 a 10), os institutos concentram suas atividades entre os níveis 3 e 7.

[4] R. M. Solow, "A Contribution to the Theory of Economic Growth", em *Quarterly Journal of Economics*, v. 70, 1956.

[5] Essa característica de países emergentes foi tratada em alguns estudos como "incerteza estrutural". Tang, Murphree e Breznitz, "Structured Uncertainty: a Pilot Study on Innovation in China's Mobile Phone Handset Industry", em *The Journal of Technology Transfer*, ago. 2015.

[6] A experiência brasileira com projetos de alto custo, risco e relevância é quase inexistente. A construção do Sirius, um acelerador de partículas de 4ª geração no Centro Nacional de Pesquisa em Energia e Materiais (CNPEM) é um bom exemplo do que nossa ciência pode fazer quando conta com apoio (razoavelmente) constante.

[7] *2017 World Robot Statistics*, International Federation of Robotics (IFR), 07/02/2018.

[8] Em 2017, dos 87 mil robôs comercializados na China, 27 mil foram fabricados no próprio país.

[9] IBGE, Pintec. RJ, dez. 2016, referente ao período de 2012-2014.

[10] A integração da subvenção econômica, do crédito subsidiado e de recursos não reembolsáveis para pesquisa conjunta Empresa-Universidade foram utilizados pela primeira vez pela Finep, com o programa Inova Empresa.

[11] A Fapesp desenvolveu um programa com essas características, que pode servir de exemplo para outras regiões.

Luís Eduardo Assis

CEO da Fator Seguradora

Economia e finanças

Do ponto de vista estritamente econômico, já sabe-se muito sobre o ano de 2018. Os analistas de mercado têm elevado sistematicamente suas previsões para o crescimento do Produto Interno Bruto (PIB) de 2018, que pode superar 3% – a maior taxa desde 2013. Não chega, certamente, a ser espetacular. Se mantivermos esse ritmo nos próximos 20 anos teremos acumulado um crescimento de 80,6%. A China cresceu 469% nos últimos 20 anos – o crescimento brasileiro nesse período não passou de 59%. Há emergentes e emergentes. Também é fato que os economistas erram bastante suas previsões e parecem ter uma curiosa preferência para o pessimismo, talvez na suposição de que se tudo for melhor que o previsto, o erro será mais facilmente tolerado. Seja como for, 2018 marca claramente o final da recessão. A inflação também deve ficar baixa, para os padrões brasileiros. Algo perto de 4%, de acordo com a bola de cristal dos mesmos analistas. Prever a inflação é mais difícil que adivinhar o crescimento do produto, e os erros aqui podem ser crassos. No final de 2016, por exemplo, a previsão para o Índice Nacional de Preços ao Consumidor Amplo (IPCA) do ano seguinte era de 4,9%. Ficou em 2,95%. "Não sei" deveria ser a resposta mais sensata quando se pergunta a um economista quanto será a inflação do próximo ano, mas para uma profissão marcada pelas agruras da baixa autoestima é compreensível que não se queira desapontar o interlocutor curioso – ainda que Madame Tânia, que lê tarô, faça o mesmo a um custo mais baixo. Mas aqui também temos uma boa notícia. A inflação não será tão baixa quanto em 2017, mas não escapará do controle. Isso facilita a vida do Banco Central na condução da política monetária. A taxa Selic deve ficar abaixo de 7% na média do ano, a mais baixa dos últimos muitos anos. Apenas para comparação, as eleições presidenciais de 1989 foram levadas a cabo com uma taxa Selic de 2409% para uma inflação de 1973%. Melhoramos.

Maior crescimento da economia deve também impactar o mercado de trabalho. A recessão foi implacável com o nível de emprego. Mais de 3 milhões de postos de trabalho com carteira assinada foram eliminados nos últimos três anos. O ano passado, contudo, registrou uma queda bem menor que nos anos anteriores, pouco mais de 20 mil empregos, o que sugere que teremos em 2018 um número positivo, talvez superando 1 milhão de novos postos, no saldo líquido entre demissões e admissões.

Na área externa, tudo vai bem – em que pesem os sustos. Pela previsão do Fundo Monetário Internacional (FMI), o PIB global deve crescer 3,9%, um pouco acima da estimativa (prever o passado é mais fácil) de 3,7% em 2017, também ligeiramente melhor que no ano anterior. A recente reforma fiscal nos Estados Unidos deve estimular a atividade econômica, pelo menos a curto prazo. Há riscos, claro. Um crescimento mais acelerado poderá pressionar a demanda e antecipar a elevação dos juros internacionais, com o que os países emergentes seriam impactados de forma mais do que proporcional.

Mas o quadro mais provável é de ajustes progressivos, sem ruptura, o que sempre facilita a nossa vida. Isso significa que o setor externo continuará sendo uma fonte de boas notícias. O saldo da balança comercial deve recuar um pouco, reflexo da própria recuperação da economia, que pressiona para cima as importações, mas ainda assim tem tudo para superar os US$ 50 bilhões.

As reservas internacionais continuarão altas, na casa dos US$ 380 bilhões. Precisamos estar preparados, a propósito, para ouvir durante a campanha eleitoral a proposta de fazer uso dessas reservas para estimular o gasto público ou investimentos em infraestrutura. Trata-se de irrecuperável tolice. Ao contrário do que o nome pode sugerir, as reservas internacionais não representam um dinheiro que o governo poupou; não é um pé de meia dos brasileiros que pode ser gasto em períodos difíceis. Representa, antes, um ativo do Banco Central ao qual correspondem obrigações, da mesma forma que os depósitos de um banco não se confundem com o dinheiro do banqueiro. Não faz nenhum sentido gastar um dinheiro que não é do governo, mas propostas desse tipo são inevitáveis. Seria ainda melhor, do ponto de vista da construção do discurso eleitoral, se nossos problemas tivessem origem no setor externo. Nesse caso, os candidatos poderiam acusar os bancos internacionais pelas nossas mazelas, o que é sempre mais confortável, até porque eles não votam. Dessa vez, contudo, os candidatos terão que se contentar em buscar culpados aqui mesmo.

Inflação sob controle, juros historicamente baixos, contas externas beirando a exuberância, crescimento do produto e recuperação do nível de emprego podem configurar um quadro muito favorável ao ambiente pré-eleitoral. A questão crítica é que é extremamente difícil avaliar até que ponto a melhoria das condições econômicas pode influenciar o eleitorado em suas escolhas. Há vários trabalhos acadêmicos que buscam relacionar crises econômicas com a ascensão de candidatos autoritários ou populistas. A tese subjacente é que, em situação de estresse na economia, os eleitores ficam mais vulneráveis a discursos que fujam do senso comum e mais afeitos a alterações radicais.

Relatório recente do Brookings Institute ("The European Trust Crisis and the Rise of Populism", Yan Algan, Sergei Guriev, Elias Papaioannou e Evgenia Passari, de setembro de 2017) vai além de constatações difusas e tenta mensurar essa relação. Com base em dados eleitorais de 226 regiões em 26 países entre os anos de 2000 e 2017, os autores sugerem que o aumento de um ponto percentual na taxa de desemprego pode ser correlacionado com uma elevação de 2 a 3 pontos percentuais na votação de candidatos *antiestablishment*. A transposição dessa conclusão para terras tabajaras exige qualificações. Aqui, as eleições se darão no contexto de uma economia em recuperação e, portanto, de queda no desemprego. Mas a recuperação será modesta.

A questão crítica é fácil de ser formulada, ainda que sua resposta seja espinhosa: o eleitor médio em outubro de 2018 irá comparar sua sensação de bem-estar com sua situação recente e concluir que está melhor ou comparar com seus melhores dias, ainda no governo Lula, e concluir que a vida piorou? A taxa de desemprego calculada pelo IBGE estava em algo como 12% no final de 2017. É praticamente certo que ela estará em um nível menor na época das eleições, talvez algo como 10,5%. O eleitor comparará o final de 2018 com o final de 2017 e concluirá que a vida, afinal de contas, melhorou? Ou a comparação será feita com o final de 2013, quando o desemprego era de apenas 6,2%? Economistas comportamentais sugerem que os acontecimentos mais recentes têm um peso significativamente mais alto do que fatos antigos na determinação da sensação de bem-estar de cada indivíduo. Os pesos, em linguagem técnica, sofrem um decaimento exponencial. Um presidiário pode ficar muito contente no dia em que recebe a visita de uma pessoa querida (porque dá um peso muito alto a acontecimentos recentes), em que pese o fato de que tenha tido dias muito melhores na época em que não estava preso. A memória é curta; fatos recentes pesam mais.

Transpondo essa observação para o quadro eleitoral, pode-se concluir que o tempo joga contra candidaturas extremistas. A recuperação da economia ao longo do ano poderá aumentar progressivamente a sensação de bem-estar da população, solapando, de certa forma, o avanço de propostas radicais. O extremismo se nutre do caos social e não deixa de ser um consolo a constatação de que as condições materiais do eleitorado tendem a melhorar ao longo do ano.

Para alguns analistas do mercado financeiro, os bons resultados da economia neste período recente refletem o choque de expectativas provocado com a mudança na orientação da política econômica. Decerto, tratou-se de grande avanço o abandono das ideias estrambóticas que a presidente Dilma e o ministro Mantega nutriam a respeito do funcionamento da economia brasileira. Desviar o país da trilha que conduz ao precipício é um mérito. Mas daí não decorre que o êxito seja incondicional. A queda da inflação, por exemplo, é muitas vezes atribuída à capacidade superior de o Banco Central "ancorar expectativas", como reza a velha tradição ortodoxa. Da mesma forma, a expansão do produto é vista como uma resposta dos consumidores e empresários ao empenho do governo no combate ao déficit público. A sinalização de dias melhores no futuro teria o condão de estimular o consumo e o investimento no presente, em mais um exemplo de profecia autorrealizável. É preciso ter cautela com essa interpretação.

Tomemos a inflação, por exemplo. A queda, de fato, foi notável. Em apenas dois anos, o IPCA veio de 10,7%, em 2015, para apenas 2,9%, em 2017. Sob aplausos da plateia, o Bacen (Banco Central do Brasil) não se constrange em se curvar e agradecer, envaidecido, a ovação. Mas boa parte da queda é decorrência de um recuo histórico dos preços agrícolas, no rastro de condições climáticas extremamente favoráveis que permitiram a colheita da maior safra de todos os tempos. O item "Alimentação no Domicílio", que pesa cerca de 15% do índice, despencou de uma alta de 9,4%, em 2016, para uma queda de 4,9%, em 2017. O feijão mulatinho roubou a cena. Depois de ter subido 102%, em 2016, caiu nada menos que 45%, em 2017. No seu discurso de agradecimento, ao receber o prêmio pela queda da inflação, o presidente do Banco Central não seria injusto se dedicasse a honraria a São Pedro. Também poderia mencionar a própria recessão. Juros reais extremamente altos, da ordem de 7,7 pontos percentuais em 2016, combinados com retração do crédito sufocaram a demanda, ao custo de desemprego recorde.

A profissão de fé no combate diuturno ao déficit público também não é imaculada. É certamente positivo colocar o combate ao déficit no centro das prioridades. Mas o governo faz o que pode e este governo, sem popularidade e com legitimidade discutível, pode pouco. Não conseguiu, por exemplo, resistir à pressão do corporativismo do funcionalismo público e promoveu aumentos salariais que contradizem o discurso de austeridade. Em 2017, a folha salarial do Governo Central aumentou 10,15%, para uma inflação que se contentou com menos de 3%. Não chega a ser um exemplo de parcimônia e frugalidade. De mais a mais, é mais crível presumir que os consumidores decidam gastar quando têm dinheiro no bolso e os empresários queiram contratar quando as vendas são ascendentes do que imaginar que estas decisões sejam comandadas por uma difusa confiança no controle futuro do déficit público.

O fato é que, em grande parte, a expansão do produto veio da própria queda da inflação. Meirelles pode não ser um especialista em questões econômicas, mas é um homem de sorte – e isso conta também. A queda abrupta da inflação permitiu alguma recuperação dos salários reais. O poder de compra também foi turbinado pela autorização de saque de contas inativas do Fundo de Garantia do Tempo de Serviço (FGTS), que colocou R$ 44 bilhões nas mãos de consumidores, medida heterodoxa que contou com a rejeição inicial da equipe econômica. A massa salarial real, calculada a partir da Pesquisa Nacional por Amostra de Domicílios (PNAD), subiu 3,6% nos doze meses terminados em novembro de 2017. A inflação mais baixa abriu caminho para o corte nos juros. Tudo isso combinado acabou redundando em recuo da inadimplência, o que estimula novas concessões de crédito e completa a pedalada da recuperação econômica.

Não há grande dúvida de que 2018 será um ano melhor. Mas isso diz pouco, diante da escolha de importância colossal que os brasileiros terão que fazer logo adiante. Se essa recuperação será um novo "voo de galinha" ou se poderemos engatá-la em um ciclo longo de crescimento é algo que depende do caminho que escolheremos nas eleições presidenciais. É desgastante falar de reformas estruturais, mas não há alternativas de resgate da economia se distorções fundamentais do regime econômico que criamos não sejam, pelo menos, mitigadas. É o que veremos a seguir.

2019: A AVENTURA CONTINUA

A crise fiscal e a reforma da previdência

Imaginou-se durante algum tempo que o presidente Temer poderia garantir uma menção honrosa a seu nome nos livros de História do Brasil aprovando uma reforma previdenciária. Foi quase possível. Não que o presidente tivesse alguma opinião fervorosa sobre o impacto desastroso dos gastos previdenciários sobre as contas públicas. Esse tema é muito etéreo para um político com sua formação. Mas sagacidade não lhe falta e ele intuiu que poderia fazer aliados importantes no mercado financeiro empunhando essa bandeira. O mercado não vota, mas para um presidente acidental, qualquer aliança vale a pena.

Em que pese sua importância medular, é de se esperar que os candidatos abordem o tema da crise fiscal e da reforma da previdência de forma apenas lateral. Ajuste fiscal não rende votos pela simples razão de que sua solução exige ou corte de gastos ou aumento de impostos ou uma combinação entre essas duas coisas. Também está longe de ser um tema intuitivo. É encontradiça a ideia de que o Estado brasileiro cobra impostos excessivos e não oferece contrapartidas em transferências e serviços. Não é preciso pensar muito tempo para concluir que isso é uma impossibilidade para a economia como um todo. Se há déficit – e há muito – é porque o que o Estado recolhe na forma de impostos e outras receitas é menos, não mais, do que o volume de recursos que ele injeta na economia. No ano passado, por exemplo, o déficit primário do governo central ficou em R$ 124,4 bilhões, sem contar as despesas de juros que excederam R$ 300 bilhões. No agregado, o setor privado paga menos do que recebe do setor público, o que não significa que isso seja verdadeiro para todos os segmentos da sociedade. O reequilíbrio fiscal exigirá uma combinação entre revisão de direitos e aumento da carga tributária. Não há porque se esperar um debate profundo sobre esse tema durante a campanha eleitoral. Melhor e mais conveniente tergiversar e falar de corte de privilégios, combate à corrupção e fim da evasão fiscal. Como ninguém se considera privilegiado, corrupto ou sonegador, não haverá mal-estar na sala durante o horário político gratuito. A solução para uma crise fiscal, qualquer crise fiscal, exige escolher perdedores. Mas a campanha se faz com vitoriosos.

Há quem pense que é tolice se preocupar em demasia com os difíceis caminhos da negociação política que encaminharia o equacionamento do déficit público. A disciplina dos mercados irá impor este ajuste, cedo ou tarde, asseveram. Será por bem ou por mal. A adoção de políticas inadequadas redunda na redução do influxo de capitais, na desvalorização cambial e na elevação das taxas de juros cobradas de títulos brasileiros, com o que os investidores internacionais poderiam tanger o Brasil para o caminho certo. Há três erros nesse raciocínio. O primeiro é que a sinalização do mercado está longe de ser um instrumento eficaz de sinalização, como demonstram numerosos exemplos históricos de crises econômicas provocadas justamente pela inépcia do mercado em antecipar problemas. O segundo equívoco é que se a liquidez internacional continuar elevada, é certo que poderemos contar por algum tempo com a complacência de quem julga os fundamentos brasileiros. Por fim, o ajuste do mercado, quando vier, poderá acontecer de forma abrupta e cobrar um preço exageradamente alto. É imperioso engendrar uma solução para a crise fiscal já no primeiro ano do mandato do novo presidente.

Nesse contexto, a reforma do sistema previdenciário é a mãe de todas as reformas. Reformar a previdência não resolve o problema fiscal, mas não existe forma possível de equacionar o déficit público sem uma mudança nas regras da previdência. Se for possível imaginar que o presidente Temer tenha algum senso de humor, ele diria ao presidente eleito que tem uma notícia boa e uma má em relação ao problema da previdência. A notícia boa é que o tema já não é novidade. É claro que está longe de ser consensual. Parte expressiva da população hoje não apoia a reforma, o que pode ainda aumentar durante a campanha. Mas a proposta original da atual equipe econômica continua sendo um bom ponto de partida para um encaminhamento da questão. O novo presidente poderá dar-lhe novos ares com o objetivo de imprimir seu selo de identificação, mas a estrutura da reforma já está preparada. Também já estão identificados os bolsões de resistência às mudanças, encravados nas categorias mais organizadas do funcionalismo público. *Grosso modo*, sabe-se o que fazer – o problema é como. A má notícia, porém, é que a própria recuperação da economia deve resultar no aumento da arrecadação previdenciária, fornecendo munição para aqueles que argumentam que o problema do desequilíbrio das contas públicas se resume à recessão. Números melhores para a previdência em 2018 poderão amortecer o senso de urgência e tornar o novo Congresso mais refratário a alterações nas regras do jogo. Não é exagero afirmar que o maior erro do próximo presidente seria não votar, o mais cedo possível, um novo sistema previdenciário. Outras reformas previdenciárias virão no futuro, mas sem um ajuste agora, esse mesmo futuro estará comprometido.

O papel do Estado

Cunhamos ao longo de décadas uma forma particular de capitalismo no Brasil. Todos os anos, o setor público extrai das empresas e dos cidadãos centenas de bilhões de reais. Digere-os, transforma parte desses recursos em serviços de qualidade inferior, mas uma enorme parcela é redirecionada, em espécie, de volta para a sociedade. Trata-se de um capitalismo de transferência. Como a carga tributária é regressiva (quem ganha mais paga proporcionalmente menos impostos) e como a distribuição de transferências privilegia os mais ricos, resulta deste engenho uma fabulosa máquina de produzir desigualdades sociais. O governo transforma dinheiro bom em dinheiro ruim. Um mandato presidencial é pouco para reverter esses poderosos fluxos. Também se sabe que o redesenho de uma sociedade mais igualitária exige mudanças que vão muito além do que está ao alcance da caneta do presidente da República. Mas é preciso começar a reverter esse processo, e uma boa forma para introduzir a mudança é rever o papel do Estado na economia. Isso implica dois projetos complementares.

O primeiro exige constituir um programa ambicioso de privatizações, concessões e parcerias. Há certa demonização da participação direta do Estado em atividades que poderiam ser levadas a cabo pela iniciativa privada. Exagero. Não há nenhuma mágica que garanta eficiência e produtividade ao setor privado. Há empresas estatais eficientes e empresas privadas fadadas ao fracasso. A questão aqui é prática, não dogmática. O fato é que uma empresa estatal se depara com um cipoal de regras administrativas que as obriga a manter procedimentos de extrema complexidade, o que engessa decisões administrativas. É de se perguntar como seria o desempenho de uma grande empresa privada se não pudesse demitir funcionários com baixo desempenho e tivesse que fazer suas compras de acordo com os cânones da Lei 8.666, que regula as licitações públicas, apenas para citar dois exemplos banais. Também não se propugna a redução do papel do Estado na expectativa de acabar com a corrupção. A corrupção e a fraude também fazem parte do cotidiano das empresas privadas. A diferença – toda a diferença – é que isso não afeta o interesse dos contribuintes.

É preciso avançar na desestatização. Escrutinar caso a caso e verificar quando é possível: (i) simplesmente extinguir empresas cuja finalidade não seja imprescindível; (ii) alienar o controle para a iniciativa privada, mantendo, se necessário, resguardados direitos básicos através de uma "*golden share*"; ou (iii) promover fusões ou incorporações entre empresas com objetivo complementar para, pelo menos, tirar proveito de economias de escala e propiciar redução de custos. Há hoje 149 empresas com controle direto ou indireto da União, que empregam nada menos que 506.852 pessoas. Não existirá dificuldade em identificar situações em que a simples extinção poderá ser feita sem maiores danos. No caso da privatização, é preciso avançar sobre o curral das vacas sagradas e avaliar os casos do Banco do Brasil, Caixa Econômica Federal e Petrobras. É uma falsa questão argumentar que são empresas lucrativas. O fato de darem lucro ou prejuízo é refletido no exercício de *valuation* das empresas, ou seja, o preço da alienação vai ele mesmo incorporar a situação financeira, atual e projetada, das empresas a serem vendidas. Atividades de fomento podem ser cobertas por um acordo de acionistas ou transferidas, quando praticável, para outros órgãos. Mantendo uma participação minoritária, o governo poderá usufruir de dividendos que podem ser significativos o suficiente para ajudar o reequilíbrio das contas públicas.

Além da desestatização, é necessário acelerar o programa de concessões e parcerias com a iniciativa privada. Aqui há longa experiência acumulada, o que no mínimo pode ensinar o que não deve ser feito. É fundamental que esses programas tenham como foco os investimentos em infraestrutura, pela simples razão de que de outra forma será impossível o Brasil desobstruir os gargalos que impedem o incremento da produtividade. A administração Temer declarou ter boas intenções neste campo, mas a coordenação destes programas na Secretaria Geral da Presidência se tornou improdutiva a partir do momento em que o ministro Moreira Franco passou a ter outras prioridades – não ser preso, por exemplo. A transferência da coordenação desses programas para o Banco Nacional de Desenvolvimento Econômico e Social (BNDES) merece ser considerada. É importante que privatizações e concessões não sejam pensadas com finalidade arrecadatória. O ajuste fiscal necessário não se dará por ajustes patrimoniais, mas por alterações de fluxos, preferencialmente redução de despesas. A revisão do papel do Estado deve ser feita com vistas a superar impasses e aumentar a produtividade geral da economia.

Um segundo projeto na redefinição do papel do Estado deverá estar focado em uma reforma administrativa que tenha por norte a consecução de três objetivos: (i) assegurar o primado da eficiência na gestão da máquina pública; (ii) aperfeiçoar práticas que aprimorem a meritocracia; e (iii) reduzir custos e incrementar a produtividade. O grande obstáculo aqui será o corporativismo bem articulado das categorias mais combativas do funcionalismo público. Uma reforma dessa natureza exigirá, entre outras, as seguintes medidas:

- Revisão da Lei 13.303/2016 no sentido de reforçar a necessidade de uma escolha puramente técnica dos dirigentes de empresas públicas. Da maneira como está, a lei coíbe a nomeação de apadrinhados políticos cuja desqualificação técnica seja patente, o que é um avanço, mas abre caminho para uma reserva de mercado para os funcionários de carreira. É preciso dar um passo adiante e assegurar a escolha isenta e transparente de candidatos externos cuja experiência seja compatível com as atribuições do cargo, o que pode ser facilitado pela contratação de empresas de recrutamento de executivos, a exemplo do que é feito em outros países. O presidente do Bank of England, Mark Carney, que é canadense e foi presidente do Banco Central de seu país, foi contratado através de um anúncio de emprego na revista *The Economist*.
- Flexibilizar a estabilidade do funcionalismo público para permitir a dispensa de funcionários com baixa performance ou cujo cargo tenha sido extinto. O instituto da estabilidade faz parte das salvaguardas que devem estar presentes em todas

as sociedades democráticas. Seu objetivo deve ser o de coibir perseguições políticas. Daí não decorre, no entanto, que ele seja um salvo conduto para a inépcia. Os mecanismos legais hoje que permitem a demissão por baixo desempenho envolvem uma peregrinação burocrática lenta e tortuosa, inviabilizando na prática qualquer alteração significativa. É preciso ir adiante e instituir a meritocracia no serviço público. Ao contrário do que ocorre com a reforma da previdência ou com o ajuste fiscal, aqui não será difícil angariar o apoio da população e da opinião pública para essa empreitada.

- Redução do número de ministérios. É evidente que neste caso a praticidade administrativa está impregnada de conveniência política. Faz parte do jogo o loteamento de ministérios entre partidos que prometem apoio ao governo (não é preciso cumprir a promessa, necessariamente). Mas esse jogo fica mais simples de ser jogado no início de um mandato, principalmente se essa medida tiver sido parte do discurso eleitoral. A inconveniência de romper com a tradição da barganha pode ser mitigada pelo fato de que a perda será geral para todos os partidos aliados, com o que a posição relativa de cada um pouco se altera.
- Redução significativa de cargos de confiança. O número de cargos de diretoria e assessoria superior (DAS) supera 20 mil. Somando os comissionados com as funções de confiança, o total de postos chega perto de 100 mil. Reduzir drasticamente a disponibilidade de cargos que prescindem de concurso público impedirá o governo de fazer uso indiscriminado dessa moeda de troca ao mercadejar no varejo práticas políticas retrógradas e antirrepublicanas. Seu impacto financeiro é pequeno, talvez irrelevante, mas essa medida atende a um imperativo ético e pode emprestar ao novo presidente credibilidade para patrocinar a aprovação de medidas de ajuste mais duras.

Avançar na desindexação

Muita gente não se lembra de quando a inflação era muito alta. No período de dez anos até junho de 1994, a inflação medida pelo IPCA acumulou uma variação de 310.394.705.061,50%. Isso mesmo. Mais do que 310 *bilhões* por cento (o IPCA dos dez anos terminados em dezembro de 2017 ficou em meros 80%). Vamos convir que para viver em meio a este crescimento alucinante dos preços tivemos que inventar engenhocas e traquitanas. Os economistas à época gostavam de dizer que tomar decisões econômicas com uma inflação tão alta era como jogar xadrez bêbado (o otimismo inerente ao gracejo era que tudo seria fácil quando a inflação fosse derrotada). O Plano Real foi exitoso e hoje convivemos com índices parecidos com os das principais economias do mundo. Mas temos ainda vícios antigos ("*Old habits die hard*" – "Velhos hábitos são difíceis de morrer" –, já disse Mick Jagger).

Um deles é a indexação. Salários e contratos ainda são reajustados anualmente pela inflação passada, como se estivéssemos ainda nas décadas de 1980/1990. Pensa-se como nos velhos tempos: é preciso proteger as partes de um salto inesperado na inflação. O efeito não é inócuo. Se todos pensam em repor o poder aquisitivo baseando-se em estimativas, a inflação demora muito mais para ceder, o que exige juros mais altos. É como se a absorção de um choque agrícola, por exemplo, tivesse que ser feita não apenas pelo aumento, mas também pela aceleração dos preços (na segunda derivada, para quem gosta de termos técnicos). Juros altos, por sua vez, geram enormes distorções no sistema econômico, como será visto mais adiante.

É mais do que conveniente dar mais um passo na desindexação da economia, o que não pode prescindir da coordenação do governo. Os liberais mais fervorosos argumentarão que ao Estado não cabe interferir nas relações comerciais entre duas partes privadas, que deveriam ter liberdade para estabelecer qualquer cláusula de indexação que lhes aprouver. Ocorre que muitas vezes é preciso uma coordenação externa para que os interesses da coletividade prevaleçam sobre conveniências imediatas, do que resulta uma situação melhor para todos. Imaginemos, por exemplo, um semáforo quebrado em um cruzamento de ruas muito movimentadas (exercício de imaginação extremamente fácil se você mora em São Paulo). Se cada motorista tentar, individualmente, furar o bloqueio dos outros carros, o congestionamento pode se agravar, prejudicando a todos. Se um agente do Estado, um guarda de trânsito com poder coercitivo de multar, assumir a função de coordenação dos fluxos dos automóveis, o transtorno poderá ser resolvido rapidamente.

Com a desindexação não é muito diferente. Todos ganharíamos se as cláusulas de reajuste de contratos e acordos salariais só pudessem, por lei, estar vinculadas à inflação passada se a periodicidade fosse de no mínimo dois, talvez três anos. Cláusulas de reajuste anual deveriam se limitar, necessariamente, pela meta de inflação – e não pela inflação efetivamente calculada. Há quase 25 anos nos livramos do flagelo da inflação muito alta. Já está na hora de nos livrarmos também de distorções que vieram com ela.

Mirar no núcleo

O Brasil adota o regime de metas de inflação desde o Decreto 3.088, de junho de 1999. Esta política foi iniciada pela Nova Zelândia, em 1990, e se espraiou por vários países. Aqui entre nós, a meta anual é escolhida pelo Conselho Monetário Nacional, por sugestão do Ministério da Fazenda. Após quase 20 anos de relativo sucesso, não vale a pena abandonar a política de metas, até porque a leitura do mercado financeiro, sempre ligeira, seria de que o governo não se importa com a inflação.

Mas é possível ir além e aperfeiçoar o mecanismo atual. Tudo leva a crer que valha a pena alterar o regime e passar a mirar no núcleo da inflação. Explica-se. Hoje, e desde sempre, o que conta para nós é o índice de inflação "cheio", ou seja, não expurgado de variações de preços que são tipicamente sazonais. Há várias maneiras de se calcular o núcleo da inflação. O próprio Banco Central divulga regularmente três índices de núcleo da inflação. A maneira mais simples de calcular o núcleo é desconsiderar as variações de preços de alimentos e energia. Países como Canadá, Nova Zelândia, Austrália, Holanda e Suécia adotam o núcleo como meta.

A razão fundamental é que a política monetária deve relevar oscilações de preços que advêm de choques de preços sazonais ou temporários. Digamos que uma chuva de granizo arrase as plantações de legumes e verduras. Os preços desses produtos nas feiras subirão muito, puxando para cima o IPCA. Faz sentido o Banco Central elevar os juros por causa desse aumento da inflação, quando se sabe que logo adiante os preços desses produtos voltarão à normalidade?

A diferença entre a inflação acumulada medida dessas duas formas (índice cheio ou núcleo da inflação) não é significativa. O contraste está na volatilidade, bem menor no índice depurado. Isso significa que os juros poderiam ser menores, até porque elevar juros quando há um choque agrícola tem eficácia quase nula no combate à inflação (as abobrinhas não se importam com a taxa Selic).

Alguém dirá que mudar o procedimento imporá perda de credibilidade no regime de metas. Mas adotar o núcleo da inflação como meta poderá vir acompanhado de uma redução na margem de tolerância, hoje muito alta. Da mesma forma e com o mesmo objetivo, já está na hora de reduzir a meta da inflação para um número mais consentâneo à prática de outros países.

Reduzir as taxas de juros

Há pessoas que só aprendem errando. Há aquelas que nem errando aprendem. Mas o melhor mesmo é aprender com o erro dos outros. Nesse aspecto, a gestão da economia no período Guido Mantega-Dilma Rousseff é uma verdadeira enciclopédia de equívocos e desacertos. É tarefa árdua escolher os lapsos mais importantes, mas o corte voluntarioso dos juros estará certamente em qualquer lista. Induzir o Banco Central a reduzir a taxa Selic enquanto as pressões inflacionárias continuam latentes lembra o aforisma de H. Mencken, que dizia que para todo problema complexo existe uma solução simples, fácil de ser implementada e errada.

Evidentemente, o reequilíbrio das contas públicas é condição primária para termos juros consistentemente baixos. Há quem argumente que juros altos são apenas o reflexo da necessidade do setor público se financiar no mercado aberto. Como o déficit é alto e crescente, o mercado cobra mais caro para absorver papéis do Banco Central e do Tesouro. Não é bem assim que funciona no Brasil. Como nosso mercado financeiro é praticamente cativo, títulos públicos são colocados mesmo com juros injustificadamente baixos – não houve nenhuma dificuldade de colocação durante a aventura de Mantega e Dilma. No mercado internacional, onde as opções são numerosas, a percepção de risco dos potenciais compradores de papéis brasileiros dita as taxas de juros dos papéis. No mercado doméstico, o comando está, em grande parte, com o Banco Central.

Ainda assim, o combate ao déficit é condição *sine qua non* para a queda do patamar de juros. Enquanto o déficit existir, o governo injetará recursos na economia, o que pode pressionar a demanda e alimentar a inflação, exigindo juros mais altos. É como acelerar um carro com o freio de mão puxado. Outras medidas tópicas podem ajudar. A desindexação, por exemplo, também se aplica aqui. As LFTs são títulos pós-fixados cuja remuneração está atrelada à taxa Selic (que é formada pela própria negociação desses papéis). Foi criada nos anos de inflação alta porque o mercado rejeitava a absorção de papéis prefixados. A inflação caiu, mas as LFTs e seus clones, os fundos DIs, continuam populares. Deveriam ser vendidas hoje apenas em feiras de antiguidade, como selos e notas de cruzeiros. O problema de termos boa parte da riqueza financeira indexada é que um aumento de juros torna os investidores mais ricos. Ora, a elevação dos juros com vistas a controlar a inflação se dá pelo efeito que causa no controle da demanda – afora a sinalização das expectativas. O usual, em outros países do mundo, é que o aumento dos juros provoque uma queda nos valores investidos em renda fixa. A existência de títulos indexados provoca o efeito inverso. A desindexação do mercado financeiro é medida relevante que pode auxiliar na eficácia da política monetária.

A taxa Selic caiu muito recentemente e encontra-se no seu nível historicamente mais baixo. Mas os juros na outra ponta – a de quem toma empréstimos – continuam altos. Entre setembro de 2016 e dezembro de 2017, a taxa Selic caiu de 14,25% ao ano para 7% ao ano, menos da metade. No mesmo período, as taxas médias cobradas pelo cheque especial também caíram: de 325% para 323%. Isso mesmo. Não só o patamar é assustadoramente alto como a redução foi microscópica. O governo Dilma tentou endereçar esse problema obrigando os bancos públicos a cortarem unilateralmente suas taxas. Deu errado. O único resultado foi uma queda na rentabilidade dessas instituições – que, mais adiante, foram instadas a subir novamente os juros.

Muita gente atribui à avareza dos bancos o fato de termos que nos submeter a juros abusivos. Mas isso não tem nada a ver com o segundo pecado capital. São condições objetivas associadas à estrutura de mercado e características do produto que explicam a formação do preço do dinheiro. Há, fundamentalmente, duas condições que explicam porque os juros são tão elevados no Brasil. A primeira tem a ver com os custos, especialmente o custo dos depósitos compulsórios que as instituições bancárias são obrigadas a manter junto ao Banco Central, entre os mais altos do mundo. Teme-se que a redução desses depósitos acabe por inflar exageradamente a demanda por crédito, mas é de todo conveniente que a nova gestão da autoridade monetária inicie um programa de transição em direção a depósitos compulsórios menores, mais em linha com a experiência internacional. A segunda razão remete às condições de concorrência. Com a anuência tolerante do Banco Central, o sistema se concentrou de forma acentuada nos últimos anos. Cinco grandes bancos de varejo dominam hoje a cena, formando, claramente, um oligopólio. Mais que isso, não há transparência a respeito dos preços cobrados – todos sabemos quanto pagamos por mês de água, luz ou telefone, mas não temos a menor ideia de quanto é a nossa despesa no banco. Para piorar, há procedimentos burocráticos que tornam penosa a escolha de um outro provedor de serviços bancários. Como a percepção é que todos os bancos oferecem serviços igualmente ruins e caros, a tendência é continuar sendo cliente do mesmo banco por muitos anos, mesmo insatisfeito. Se houver disposição para privatizar os bancos públicos, é importante que as desvantagens da concentração bancária sejam levadas em consideração – o que significa promover de alguma forma cisões desses bancos antes de ofertá-los à iniciativa privada e cuidar para que deste processo não resulte um mercado ainda mais concentrado. Algo mais simples e imediato é exigir que os bancos tornem disponível um relatório padronizado que facilite comparações discriminando o custo de todos os serviços prestados. Simplificar os procedimentos para encerramento e abertura de contas também é necessário. Por fim, a adoção de um cadastro positivo com adesão obrigatória (a não ser que o consumidor manifeste expressamente sua intenção de não participar) é medida importante para melhora a aferição do risco do tomador, o que implica redução de juros para os bons pagadores.

Garantir a independência do Banco Central

O ideário ortodoxo imagina que o Banco Central deva se constituir em uma instância estritamente técnica, a ser mantida em uma campânula hermética, a salvo dos humores e odores da vida política brasileira. Essa visão caricata simplifica em demasia o debate sobre a independência do Banco Central, mas contém um grão de verdade: é de todo inconveniente que o Banco Central passe a pautar a política monetária pelas conveniências políticas de curto prazo. Suponhamos que um Banco Central submisso ao governo ou partidariamente alinhado tenha como meta primordial não o combate à inflação, mas a reeleição do presidente da República. Se estivermos no último ano de mandato, isso pode significar cortes de juros mesmo com pressões inflacionárias latentes. Criam-se condições para um crescimento de fôlego curto, seguido por enormes dificuldades logo adiante.

Já avançamos bastante, na prática, na manutenção de um distanciamento higiênico entre o corpo diretivo da autoridade monetária e as veleidades da política partidária. Mesmo o ímpeto avassalador do governo Temer de lotear a máquina administrativa poupou o Banco Central. A própria sociedade não aceitaria a indicação de um compadre do senador Romero Jucá, por exemplo, para a presidência do órgão – ainda que seja previsível que o Senado, como manda a Constituição, anua com a escolha. O passo que falta ser dado, portanto, é dar formato institucional ao que já existe na prática. A submissão do Banco Central aos caprichos e extravagâncias partidárias ficaria mitigada com a atribuição de mandatos à sua diretoria não coincidentes com o ciclo eleitoral. A "captura" da instituição pelos interesses privados, por outro lado, que é preocupação pertinente dos partidos de esquerda, poderia ser dificultada com a formalização de prestações de contas periódica a uma comissão parlamentar e regras rígidas para o período de "quarentena", evitando a porta giratória entre os bancos privados e o Banco Central.

O FUTURO E SUAS CIRCUNSTÂNCIAS

O que vimos anteriormente foi apenas um excerto do que poderá ser alvo de atenção do novo presidente. Um rascunho de uma agenda concentrada no caroço da política econômica: inflação, juros e crescimento. Há muito mais. É preciso redefinir a política cambial, o papel dos bancos de fomento, a abertura da economia, além de ser urgente a simplificação do sistema tributário. É sempre possível e tentador propor alterações. Esta é a parte fácil. Mas, parafraseando Ortega y Gasset, a política econômica é a política econômica e suas circunstâncias. E estas não serão fáceis. Tudo sugere que teremos uma eleição na qual os votos serão polvilhados entre muitos candidatos, o que dificulta a formação de um mínimo consenso. Mesmo o afunilamento do segundo turno não garante a discussão de um programa de governo coerente, até porque não é isso que o eleitor exige. A recuperação da economia em 2018 poderá dar algum alento, mas os ajustes estruturais que são exigidos para um crescimento sustentável são duros e exigem sacrifícios. Porém, como falar agora de sacrifícios se a renda *per capita* de 2018 for menor que a de 2010?

Talvez o aspecto mais fascinante da ciência econômica seja o fato de que ela muitas vezes contraria o senso comum. Não, as contas do governo não guardam similaridade com a administração do orçamento doméstico. Não, o fim da corrupção não é o suficiente para o país prosperar. Não, o Brasil não é um país rico. Não, o corte de impostos não acelera o crescimento da economia. Não, o ajuste fiscal não será feito apenas pelo fim de regalias e privilégios. E certamente não, proteger a indústria nacional não implica desenvolvimento. É tudo mais complicado, é tudo mais interessante.

Não há nenhuma fatalidade que explique o progresso material de um país. Se há uma regra é que grande parte das nações não tem êxito – os países ricos são uma minoria. Se quisermos escapar do desafio, podemos fazer como o Butão, que mede o seu progresso pela Felicidade Interna Bruta. Entretanto, será ainda mais difícil convencer pessoas expostas ao ácido corrosivo da miséria que elas são felizes. O Brasil merece mais. Nosso país tem condições objetivas para almejar um progresso material mais vantajoso para todos. O nosso futuro depende apenas de nossas escolhas. Roberto Campos dizia que os brasileiros nunca perdem a oportunidade de perder uma oportunidade. Esperemos que não seja assim desta vez.

Antonio Corrêa de Lacerda

Professor e diretor da Faculdade de Economia e Administração da PUC/SP

Política econômica

O que mede o sucesso econômico de um país? Certamente o crescimento do valor agregado gerado, o Produto Interno Bruto (PIB) é um dos indicadores importantes, por medir o valor absoluto de tudo que foi produzido e permitir compará-lo com períodos anteriores e com o de outros países. Trata-se de uma medição quantitativa. É um termômetro significativo, mas não o único. Indicadores de desempenho, qualitativos, também são relevantes, como o nível da inflação, do emprego, dos salários reais, da distribuição de renda, além de outros dados macroeconômicos, como endividamento e déficit público relativamente ao produto gerado etc.

O crescimento econômico é uma condição necessária, dadas as características brasileiras, embora não suficiente. É muito importante restabelecer as condições para um crescimento mais robusto e sustentado da economia brasileira. Daí o papel relevante das políticas econômicas que possam induzir o crescimento com estabilidade, e, da mesma forma, que aprimore as políticas sociais para minimizar as enormes disparidades regionais e de renda.

CUSTOS E BENEFÍCIOS DAS ESCOLHAS DE POLÍTICAS ECONÔMICAS

Toda escolha de adoção de políticas econômicas envolve, além da necessidade de decidir no *timing* adequado, incorrer em algum custo. "Não existe almoço grátis" tornou-se um axioma popular. No caso brasileiro, tem sido recorrente, porém nem sempre de forma completa, o questionamento de algumas das escolhas das políticas econômicas.

É o caso, por exemplo, dos bancos públicos. Diante da escassez de crédito e financiamentos internacionais no período imediatamente posterior à crise – com a quebra do Lehman Brothers em setembro de 2008 –, o governo brasileiro tomou uma decisão pertinente de ampliar a capacidade de empréstimo dos bancos públicos, especialmente do Banco Nacional de Desenvolvimento Econômico e Social (BNDES).

Antes disso, escolado com a recorrência das crises de balanço de pagamentos, o Brasil, assim como outros países não emissores de moedas conversíveis, tomaram a decisão sensata de ampliar seu volume de reservas cambiais. Isso não evitava os efeitos das crises, mas amenizava-os, como ficou claro.

Não fosse o suporte dos financiamentos públicos, substituindo em muitos casos as linhas de financiamento externas, que secaram, e, por outro lado, o fato de o país dispor de um volume expressivo de reservas cambiais, os efeitos da crise teriam sido muito mais intensos no Brasil. O PIB teria caído muito mais do que os 0,6% verificados em 2009, assim como a recuperação rápida e a expansão de quase 7,5%, em 2010, não teriam sido viáveis.

Como o PIB brasileiro é estimado em R$ 6,6 trilhões (2017), cada ponto percentual de crescimento representa R$ 66 bilhões de renda adicional no ano. O exemplo vale para ilustrar que os "custos" das políticas econômicas têm que ser mensurados levando-se em conta o benefício gerado.

Se isso parece lógico, no entanto, o cálculo dos custos e benefícios das escolhas da política e medidas econômicas nem sempre é fácil de ser realizado, porque muitas vezes envolve fatores de difícil mensuração. Mas isso não pode servir de álibi para se desprezar a avaliação do custo-benefício de cada medida. Outro fator importante é que divulgar que tal decisão teve um custo "x", além de mais cômodo, tende a gerar grande impacto na opinião pública, facilitado pela repercussão na grande mídia.

Que lições podemos tirar da experiência recente na economia brasileira? Este é o ponto que deveria nortear um debate mais qualificado, menos ideologizado e mais pragmático a respeito das políticas econômicas.

Embora o PIB brasileiro do ano de 2017 tenha registrado um crescimento de 1% em relação ao ano anterior, atingindo R$ 6,6 trilhões, esse montante é cerca de 6% inferior a 2014, antes da crise 2015-16.

A indústria, que denotou estagnação no ano passado, está em um nível 9% inferior à mesma base citada. Mais grave ainda, os investimentos, que representam o motor da economia, seguiram em queda em 2017, registrando uma retração de 1,8% no ano. Na comparação com 2014, a queda é ainda mais expressiva, atingindo 24%.

O quadro descrito denota que a economia brasileira, mesmo tendo voltado a crescer em 2017, ainda se encontra em um patamar muito abaixo de antes da crise. Ou seja, a recuperação para valer, o que significa retornar ao mesmo nível que atingimos antes da crise, ainda dependerá de uma aceleração do ritmo de crescimento futuro.

Gráfico 1 – Brasil: Evolução real do PIB, da indústria e dos investimentos

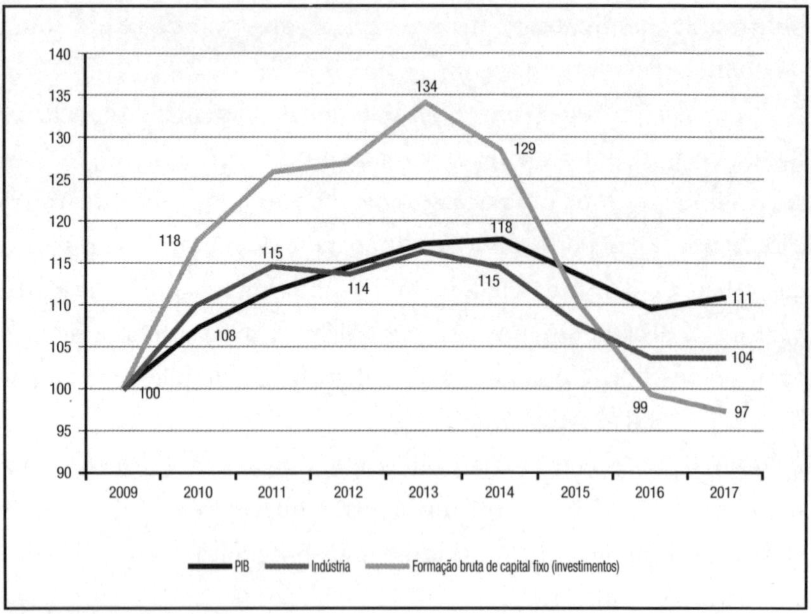

(Índice Base 2009 = 100)
Fonte: IBGE/Elaboração: ACLacerda

Diante de um alegado risco de elevação da inflação, observa-se relativo consenso pela elevação da taxa de juros básica. Até porque a maioria não deseja inflação elevada. Mas qual o custo dessa escolha? Há vários, dentre eles está o aumento dos gastos públicos no pagamento de juros sobre o financiamento da dívida pública, que custou R$ 195 bilhões no ano passado (5,5% do PIB).

Precisamos criar mais espaços de discussão das políticas econômicas, de seus custos e benefícios, levando em conta não apenas o curto, mas o médio e longo prazo. Isso implica democratizar as informações, assim como diversificar as visões, tendo como base as escolas variadas de pensamento econômico e também todos os setores da economia.

A discussão deve ser ampliada, tanto junto aos Poderes quanto na mídia, na academia e demais entidades representativas da sociedade. Não se trata, evidentemente, de uma prática fácil. Os temas em geral são complexos e nem sempre as pessoas estão dispostas a investir tempo e energia com assuntos áridos. Porém, como não existe visão neutra em política econômica, o mínimo de cuidado que devemos ter é o de diversificar o debate. Pois, do contrário, o risco é de nos tornarmos reféns de uma única via, que pode favorecer alguns, mas não o todo.

A QUESTÃO FISCAL E A FRUSTRAÇÃO DO "AJUSTE"

A necessidade de maior equilíbrio fiscal leva recorrentemente às medidas de ajuste. A opção escolhida tem sido, na maioria das vezes, a de cortar gastos, e, diante da dificuldade e mesmo impossibilidade em fazê-lo, a diminuição de dispêndios tem se dado com ênfase nos investimentos; em paralelo, a busca de ampliação de receita via elevação de alíquotas tributárias e a criação de novos tributos. Não por acaso, a carga tributária, o total arrecadado pelo governo, cresceu de cerca de 25% em meados da década de 1990 para 33% do PIB, na média dos últimos três anos

No entanto, as tentativas de "ajuste" não têm atingido o esperado. E isso se deve, entre outros aspectos, ao efeito da crise na economia brasileira desde o final de 2014 até o final de 2016. Nível de atividade e investimentos em queda significam arrecadação menor, não apenas porque empresas faturam menos e indivíduos têm a sua parcela de contribuição reduzida pela queda da renda e pelo aumento do desemprego. Além disso, na crise aumenta a inadimplência no pagamento de impostos.

O resultado é que as tentativas de ajuste não se viabilizam e, pior, a insistência na estratégia é autofágica, implicando cada vez mais problemas. Medidas de ajuste, no sentido tradicional, só têm enfraquecido ainda mais a atividade produtiva, gerando deterioração maior do quadro das contas públicas. A questão fiscal só se resolverá de fato quando houver uma retomada da economia.

O outro problema análogo está na falha de diagnóstico e de estratégia na política econômica. A aposta de que o discurso de ajuste, as reformas e a sinalização de medidas liberais pudessem resgatar a confiança e com isso a realização de investimentos e produção não tem dado resultado. Embora muitas das medidas adotadas sejam importantes, elas por si só não refletem um ambiente promissor para estimular a produção, o consumo e os investimentos. Ninguém toma decisões nessa esfera apenas porque adquire maior confiança na economia. Embora essa possa ser uma condição necessária, é, no entanto, insuficiente para propiciar a retomada.

É preciso mudar a política econômica para incentivar as atividades. Isso implica alterar substancialmente a estratégia atual. O primeiro ponto importante é quanto ao papel do Estado e dos investimentos públicos. Em um quadro de crise, os investimentos públicos, assim como o papel do Estado de forma geral, devem ser anticíclicos, ou seja, se contrapor à restrição de gastos das empresas e famílias. Ao contrário do discurso governamental utilizado como argumento para aprovação, no final de 2016, da Emenda Constitucional (EC) 95, que fixou um teto para os gastos públicos, o Estado não pode agir como uma empresa ou família, porque tem obrigações que lhe são próprias.

A citada emenda limita a expansão dos gastos públicos pelos próximos 20 anos. A proposta encontrou expressiva repercussão e apoio, em uma espécie de autoengano coletivo, muito do qual baseado na visão predominante, um senso comum, de que o orçamento público funciona como o "orçamento do lar" e que na crise é preciso cortar gastos.

Trata-se de um evidente equívoco, por vários motivos: primeiro, porque não há razão para o Brasil ser o único país que trate da questão dos gastos públicos mediante emenda na Constituição e por um período tão longo; segundo, porque sob o ponto de vista macroeconômico é uma insensatez engessar a política fiscal, importante instrumento para a política econômica, sem precisar efetivamente fazê-lo; terceiro, porque, especialmente em meio a uma crise internacional e a uma recessão interna, os investimentos públicos representam a única saída à vista. Ao contrário do orçamento doméstico, é preciso que o Estado aumente o seu investimento para que o efeito demonstração e multiplicador do seu gasto fomente o investimento privado.

Assim, há um quarto equívoco importante que consiste em considerar os investimentos realizados no total dos gastos a serem limitados. Vale lembrar ainda que essa é a rubrica mais fácil de ser cortada, e o que ocorre quando o governante se vê às voltas com a necessidade de reduzir gastos.

O quinto fator a ser considerado é que no período de abrangência da EC 95, 2036, há uma estimativa de crescimento populacional de 10,1%, ou seja, um acréscimo de cerca de 20 milhões de pessoas. Da mesma forma, aumentará a população idosa, cuja participação crescerá dos atuais 12,1% para 21,5% (dados do IBGE). Ambos significarão uma maior demanda por serviços de saúde e, evidentemente, previdência. Ou seja, será impraticável atender tanta demanda com os mesmos recursos despendidos hoje.

Sexto ponto relevante é o extraordinário custo de financiamento da dívida pública, que tem sido substancial e chegou a representar cerca de R$ 500 bilhões ao ano (2015) e para o qual não há qualquer limitação. Apenas a crença de que com a implementação da EC 95 ele seria naturalmente reduzido.

Alternativas: o enfrentamento com seriedade da questão fiscal precisa levar em conta aspectos importantes, no bojo da política macroeconômica:

- realizar uma profunda reforma tributária, simplificando o sistema, corrigindo distorções e ampliar o universo de tributação, incluindo eliminar a regressividade na incidência do imposto

de renda, regulamentar a cobrança de impostos sobre herança, tributar lucros e dividendos, entre outros;
- promover uma reforma administrativa visando aumentar a produtividade do setor público, eliminando desperdícios;
- reestruturar pelos mecanismos de mercado a dívida pública, premiando o longo prazo em detrimento do curto prazo, com isso diminuindo a pressão sobre os juros;
- promover uma desindexação de preços de tarifas e contratos para diminuir o efeito inercial da inflação. A resistência da inflação tem sido utilizada como justificativa para as elevadas taxas de juros predominantes na economia. Além de restringir o crescimento, o juro elevado também implica maior gasto com o financiamento da dívida, ampliando o déficit nominal e, consequentemente, a dívida pública;
- por último, mas não menos importante, é preciso ter consciência de que é impossível realizar um ajuste fiscal diante de uma recessão. Pelo contrário, é com a economia em crescimento que se gera maior arrecadação e a diminuição proporcional da dívida relativamente ao PIB. Portanto, recriar as condições para a economia voltar a crescer é a prioridade e isso não vai acontecer automaticamente, ao contrário do que acredita o senso comum.

INFLAÇÃO DE DIAGNÓSTICOS, DÉFICIT DE PROPOSIÇÕES

Há no debate econômico brasileiro contemporâneo um falso consenso, uma verdadeira convenção, a respeito da necessidade de se manter juros elevados no país como principal instrumento de combate à inflação, independentemente da sua origem.

O momento em que ganha dimensão esse debate no Brasil é peculiar. A inflação oficial medida pelo Índice Nacional de Preços ao

Consumidor Amplo (IPCA) caiu de 10,7%, em 2015, para 6,3%, em 2016, e 3,0%, em 2017. Essa importante redução ao longo dos anos tem dado argumento para o discurso oficial e do mercado financeiro, gerando interpretações equivocadas. A contradição está em imputar toda a redução da taxa de inflação ao que seria um êxito da política monetária. Na verdade, três aspectos, além da política monetária, ou de juros, explicam a inflação corrente mais baixa: a recessão, a valorização do real e o efeito da safra agrícola.

Interessante ainda observar a demora do início da redução da taxa Selic pelo Banco Central e ainda um ritmo conservador de queda, a despeito da velocidade da queda da inflação. Ou seja, a taxa real de juros brasileira continua se mantendo no topo do ranking mundial, entre as mais elevadas.

Um segundo equívoco está em argumentar que diante do novo quadro é possível, ou viável, reduzir a meta de inflação, cujo centro é hoje de 4,5%. Ocorre que a redução inflacionária no Brasil é fruto de fatores circunstanciais e a um custo econômico e social enorme. Ou seja, estamos longe de um "novo normal" na inflação, mas ainda sofrendo as consequências de uma das maiores crises da nossa história, além de fatores circunstanciais, como o impacto cambial da valorização do real e um efeito climático que favoreceu a safra agrícola. Como não queremos recessão permanente, nem valorização artificial da moeda, e como tampouco fizemos um pacto com São Pedro para garantir chuvas nas áreas plantáveis, conviria garantirmos condições estruturais mais favoráveis.

O argumento principal, geralmente apresentado pelos defensores da redução da meta, é o que ela seria elevada para o Brasil. Os que o fazem geralmente levam em consideração a comparação com países que adotam o Regime de Metas de Inflação (RMI). De fato, México, Colômbia e Chile têm uma meta de 3% ao ano. Na Tailândia, a meta é de 2,5%, enquanto no Peru e na Nova Zelândia é de 2%. A exceção é a Turquia, cuja meta é de 5%, mais próxima da brasileira.

No entanto, o mais adequado seria comparar a inflação média corrente no Brasil com países cujas estruturas, como extensão territorial e PIB, fossem minimamente semelhantes ao nosso, de grande diversidade regional e de renda, independentemente de adotarem ou não o RMI. Vários países em desenvolvimento, como Rússia, Índia, Turquia e Indonésia, por exemplo, convivem com inflação semelhante à média observada no Brasil, o que denota que inflação é um fenômeno que aflige países em transição e tem particularidades específicas, não carecendo generalizações ou diagnósticos superficiais.

O caso brasileiro, afora ser de longe o de maior concentração de renda entre todos os citados, é o único com um complexo sistema de indexação, o que enrijece a formação de preços, tornando parte da inflação inercial, ou seja, a inflação de hoje vira piso para a de amanhã considerando as regras de reajuste contratual.

O mundo em desenvolvimento tem uma inflação média que é o triplo da observada nos países desenvolvidos. Há componentes estruturais na inflação verificada naqueles países muito relacionada a fatores como transformações demográficas, urbanização, mobilidade social e mudança de padrões de consumo, entre outros aspectos. São alterações que, embora favoreçam a melhoria da distribuição da renda e a expansão do mercado, implicam, por outro lado, o encarecimento dos alimentos, derivado do crescimento da demanda, e o aumento do custo da mão de obra e, consequentemente, dos serviços.

O Brasil apresentar um comportamento da inflação semelhante aos países em desenvolvimento não deve ser um elemento interno de conforto. Mas indica que estamos diante de um fenômeno que afeta países com características semelhantes. Faz-se necessário, portanto, um maior esmero, tanto no que se refere ao diagnóstico do problema, quanto ao seu enfrentamento.

No Brasil, criou-se a cultura da elevação das taxas de juros como uma espécie de panaceia para a estabilização dos preços, sejam suas causas associadas ou não à demanda. Há muitos fatores mais diretamente ligados à oferta e que, por isso, tendem a não responder às medidas de contenção da demanda. Não é por acaso que nenhum dos países citados, embora convivam com taxas de inflação anual próximas das verificadas no Brasil, praticam taxas de juros reais tão elevadas quanto as nossas.

O Banco Central brasileiro tem apostado muito nos seus modelos de projeção de inflação. Samba, acrônimo para Stochastic Analytical Model with a Bayesian Approach, é um dos modelos de projeção utilizados pelo Banco Central (Bacen) como um dos balizadores das decisões de política monetária. Trata-se de um processo de simulação, que considera variáveis e seus efeitos para a inflação futura. É importante buscar sistematizar os impactos dos vários choques de custos na inflação oficial, medida pelo IPCA.

O Conselho Monetário Nacional (CMN), formado pelos ministros da Fazenda e do Planejamento e pelo presidente do Banco Central, fixa regularmente a meta de inflação de cada ano. A meta de 2018, por exemplo, foi fixada em 30 de junho de 2017 para 4,5%, com tolerância de 1,5 ponto percentual para mais ou para menos (entre 3% e 6%).

Como já demonstrado, ao contrário do que às vezes é disseminado, o Brasil não convive com uma inflação elevada, considerando países de porte e estágio de desenvolvimento minimamente comparáveis. A inflação brasileira é aparentemente elevada apenas quando confrontada com países próximos geograficamente do Brasil, mas que têm pouca relação com a sua estrutura e porte.

No entanto, no âmbito dos Brics, por exemplo, o quadro é outro. São grandes economias nas quais transições relevantes como urbanização, maior qualificação dos profissionais, amenização das desigualdades regionais e de renda, por exemplo, se traduzem em inflação. Nesse caso, ela não seria decorrente apenas de correções de preços, mas de alterações de preços relativos. Nesse grupo de países, a exceção da China, que vive uma nova fase com a desaceleração do crescimento robusto e a queda das *commodities*, todos os demais apresentam uma inflação semelhante à média brasileira, como África do Sul, com 6,1%, Índia, com 5,8%, ou mesmo mais elevada como o caso da Rússia, com 7,3%. E outras economias em transição, como Turquia, com 6,6%, e Colômbia, 8,2%.

No caso brasileiro, chama ainda a atenção o papel da indexação, que é o reajuste automático de preços e contratos baseado na inflação passada. O Regime de Metas de Inflação, implementado em 1999, evoluiu pouco desde então. Continuamos convivendo com metas restritas de inflação sem alterar a estrutura de formação de preços e mesmo a captação das expectativas futuras.

Seria ainda oportuno discutir o papel do Bacen, considerando nosso quadro econômico doméstico e internacional tão confuso e conturbado. Desde a crise de 2008, os principais bancos centrais do mundo vêm praticando juros próximos de zero, ou mesmo negativos, visando privilegiar a produção, o investimento e o consumo.

Permanecer refém de uma meta só, desconsiderando nível de atividades e emprego, por exemplo, restringe o raio de ação da política monetária. Analogamente ao "Samba de uma nota só", de Tom Jobim e Newton Mendonça, ele almeja somente o comportamento dos preços, sem considerar o nível de atividades ou emprego. Como o juro não é um processo neutro, favorecendo os mais ricos em detrimento dos demais, já passou da hora de um questionamento sério a respeito do modelo, em prol da democratização da política econômica.

Coerência não significa necessariamente agir sempre da mesma forma, mas de acordo com as circunstâncias. "Quando a realidade muda, minhas convicções também mudam", respondeu o eminente economista John Maynard Keynes a um interlocutor quando questionado por que havia mudado de posição sobre determinado assunto.

INDEPENDÊNCIA DO BANCO CENTRAL RESOLVE?

A questão da independência do Banco Central não é nova, mas em tempos de debate eleitoral ganha destaque, pautando pontos relevantes da temática macroeconômica, tendo em vista sua correlação não apenas com aspectos monetários estritos, como juros e crédito, mas também câmbio e, por consequência, nível de atividade, renda e emprego. Ou seja, a questão não é restrita, mas abrangente, dado a sua influência para os demais itens.

Interessante notar que a discussão no Brasil ocorre no âmbito de um cenário internacional ainda complexo. A deterioração decorrente das crises pós 2008 e o baixo crescimento dos países desenvolvidos foram impactantes para a desaceleração do crescimento econômico chinês. O enfraquecimento da economia mundial gerou uma sobreoferta de produção e uma desinflação, especialmente nas *commodities* metálicas.

Os bancos centrais das economias desenvolvidas adotaram, desde o final de 2008, um movimento simultâneo de redução das suas taxas básicas de juros, ao mesmo tempo em que ampliaram a liquidez nos mercados. Vivemos um longo ciclo de taxas de juros reais negativas. O Federal Reserve (FED), o banco central dos EUA, manteve enquanto pôde taxas de juros muito baixas e lentamente faz movimentos de elevação na medida da percepção de recuperação do nível de atividades.

Há uma longa discussão a respeito do grau de independência dos bancos centrais. Na visão mais ortodoxa, eles deveriam ter total autonomia frente aos governos, visando resguardar a função de guardião da moeda e gerar credibilidade da política econômica. Trata-se de uma visão desconectada da situação da economia internacional. O que tem ocorrido na prática é que os bancos centrais vêm atuando de forma coordenada com seus governos nacionais, assim como com os seus equivalentes em outros países, visando combater os efeitos da crise e evitar o seu agravamento.

Especialmente para os países em desenvolvimento, a passividade frente ao quadro internacional ou uma interpretação equivocada dos sinais representariam custos onerosos sobre o nível de atividades, custo do financiamento da dívida pública e níveis reais das suas taxas de câmbio.

Daí a importância da autonomia e independência do Banco Central do Brasil. Aqui elas não estão relacionadas ao Executivo, mas às pressões do mercado. É preciso que as autoridades monetárias decidam e implementem as medidas de política econômica, tendo em vista o que é o mais adequado para o conjunto da economia. Nem sempre o desejo do mercado financeiro é o melhor para a Nação.

Ao longo do último decênio houve uma tendencial e gradativa redução das taxas de juros reais no Brasil. No entanto, estamos ainda longe de imaginar que a batalha chegou ao fim. Na verdade, ela só começou. A nossa taxa de juros reais é ainda muito elevada para padrões internacionais. O desafio é viabilizar as condições para aproximá-la de um nível pelo menos mais próximo da média de países semelhantes.

Tem havido progressos, mas é preciso avançar nas demais condições imprescindíveis para que os ganhos sejam perenes e sustentáveis a longo prazo. Dentre outros desafios, temos que enfrentar a distorção representada pela indexação de contratos e tarifas. Um resquício do período de inflação crônica, que precisa ser removido porque também representa um limitador para a redução dos níveis inflacionários e, portanto, das taxas de juros.

Outro ponto importante é a estrutura da dívida pública. O Brasil é o único país que ainda mantém títulos públicos de curtíssimo prazo que remuneram com elevadas taxas de juros, propiciando ao mesmo tempo rentabilidade e liquidez com baixíssimo risco, na contramão da prática usual no mercado internacional.

Para além das questões já citadas, temos características específicas do nosso sistema de formação de preços que são fomentadoras e mantenedoras da inflação. É o caso, principalmente, do elevado nível de indexação verificado, o que tende a disseminar os choques localizados para outros setores da economia. Como as decisões de políticas econômicas não são neutras, as suas escolhas devem ser objeto de contínuo debate, especialmente nas democracias.

Mais do que antecipar uma redução da meta de inflação – o que dadas as condições atuais só faria elevar as taxas de juros e transferir ainda mais renda para os credores da dívida pública –, conviria a discussão e a implementação de uma política de estabilização de largo prazo que contemplasse:

- a promoção de uma redução pactuada e gradual da indexação da economia. Em um primeiro momento desvinculando o reajuste de contratos, aluguéis, tarifas e demais preços a índices gerais, como o Índice Geral de Preços – Mercado (IGP-M), por exemplo, substituindo-os por indicadores específicos de evolução de custos de cada setor ou modalidade em questão;
- a redução na indexação do mercado financeiro. Grande parte da dívida do governo é pós-fixada pela Selic, e ela oferece liquidez imediata e correção automática pela taxa de juros. Isso acaba gerando um certo "prêmio" pela aposta na elevação da inflação, pois a correção de títulos – portanto, da remuneração dos credores – também se eleva automaticamente. É o contrário do funcionamento do mercado de títulos na maioria dos países;
- o incentivo no aumento da oferta de produtos e serviços, visando minimizar os choques de preços. Isso pode ser alcançado com um ambiente favorável à expansão dos investimentos, assim como uso seletivo da facilitação de importações para gerar concorrência local;
- por último, mas não menos importante, o fomento do aumento da produtividade.

Concluindo, embora surjam sempre diagnósticos alternativos para o problema da inflação, as grandes questões que a envolvem passam ao largo da agenda de reformas e mudanças econômicas. Há um certo conforto, uma acomodação, em relação à inflação em vez de seu efetivo enfrentamento.

CRÉDITO E FINANCIAMENTO PARA ESTIMULAR O CRESCIMENTO DA ECONOMIA

O desafio de reduzir os juros aos tomadores finais de crédito, consumidores e empresas continua sendo, ou deveria ser, uma prioridade. Ao mesmo tempo em que o encarecimento do crédito é um empecilho ao investimento e consumo, por outro lado, a solução para o problema se apresenta como grande oportunidade. Há um enorme mercado potencial no Brasil, reprimido pelo custo elevado do credito e financiamento.

A Selic, taxa básica de juros, foi reduzida a menos da metade nos dois últimos anos, mas as taxas de juros ao tomador final continuam excessivamente elevadas. A Selic, que era de 14,25% em outubro de 2016, foi sequencialmente reduzida desde então, atingindo 6,75% no início de 2018. As taxas médias ao tomador final caíram no período em proporção muito menor e ainda estão muito distantes dos juros básicos. As taxas de juros para pessoas jurídicas foram reduzidas de 21,6% para 16,8% ao ano, ao passo que para as pessoas físicas foi de 43,1% para 31,9% ao ano. Essas são taxas médias apuradas pelo Banco Central. Como toda média, é distorcida por incluir, por exemplo, no caso das pessoas físicas o crédito consignado. A situação do mercado denota um quadro ainda mais difícil para o tomador, do qual são exigidas adicionalmente contrapartidas e garantias que tornam o crédito no Brasil proibitivo.

A Associação Nacional dos Executivos de Finanças, Administração e Contabilidade (Anefac) divulga regularmente, há anos, as taxas de juros cobradas ao tomador final, revelando dados mais alarmantes. O crédito às pessoas físicas atingiu a taxa de 88% ao ano, assim como o crédito às pessoas jurídicas, 28,6% ao ano.

Isso sem falar dos custos extraordinários das duas modalidades mais utilizadas, que são o cartão de crédito rotativo (334,6% ao ano) e o cheque especial (323,0% ao ano). É uma alternativa muito acessível e de fácil manuseio, mas que torna, em geral, a dívida impagável!

Há muito se discute as causas do elevado custo do crédito no Brasil. O primeiro aspecto é que, aqui, o mercado financeiro é distorcido pelo fato de o governo federal oferecer títulos da sua dívida a taxas de juros muito elevadas, mantendo liquidez. Isso acomoda o mercado financeiro, que não se interessa em ter mais trabalho e correr mais risco emprestando para os agentes econômicos.

O segundo aspecto é a oligopolização, em que apenas cinco grandes bancos controlam 86% do mercado de crédito.

Os bancos alegam que os *spreads* (taxas de risco) embutidos nas taxas de juros são elevados no Brasil, explicando parte da diferença entre a taxa básica e a final, porque a inadimplência é elevada, respondendo por 45% do *spread*. As taxas tributárias respondem por 20%, e o empréstimo compulsório que os bancos recolhem ao BC, por 10%. Os 25% restantes seriam da margem de comercialização do sistema financeiro.

O enfrentamento do problema, portanto, passa por questões relevantes:

- reduzir a taxa de juros básica (Selic), pois, embora a taxa nominal esteja em queda, a taxa real, descontada a inflação, segue elevada para padrões internacionais;

- reduzir a parcela da dívida pública com liquidez diária (*over night*), pois isso acomoda o sistema financeiro, que não tem interesse em emprestar para os demais tomadores que não o Estado;
- reduzir a tributação sobre as operações financeiras, que acabam sendo repassadas ao tomador final;
- estimular a criação de cooperativas de crédito para oferecer mais alternativas aos tomadores;
- utilizar o poder dos bancos públicos, que respondem por 54% da carteira de crédito, para imprimir maior concorrência no mercado de crédito brasileiro.

POLÍTICA CAMBIAL E DESENVOLVIMENTO

Outra questão relevante é a política cambial. Por ser a definição do valor da moeda local relativamente às demais, os bancos centrais podem ser tentados a valorizar suas moedas artificialmente visando a resultados de curto prazo, como o barateamento das importações para combater a inflação. Essas vantagens são proporcionadas por uma taxa de câmbio valorizada, enquanto comprometem o longo prazo. No Brasil, sempre que a taxa de câmbio se valoriza, o que se dá pelos fatores de competitividade sistêmica desfavoráveis, provoca-se dois efeitos deletérios para a economia: a desindustrialização e a deterioração das contas externas. Isso tem um elevado custo para o desenvolvimento do país.

A valorização da taxa de câmbio (= dólar barato) é um exemplo típico de escolha que favorece só o curto prazo. O dólar barato proporciona a aquisição de produtos importados e a realização de viagens internacionais a um custo baixo, o que é sempre muito apreciado por grande parte da opinião pública. No entanto, nem sempre ficam claros os seus efeitos, que comprometem o longo prazo, pois roubam crescimento da economia, nos tornam mais vulneráveis e dependentes de financiamento externo e menos diversificados na produção e exportação, excessivamente centradas em *commodities*.

Vale destacar que a utilização da política cambial como instrumento de controle de inflação de curto prazo foi um recurso recorrente em praticamente todos os governos dos últimos 30 anos, para focarmos em um período mais recente da nossa história.

No governo Sarney (1985-1989), foi um dos elementos da implantação do Plano Cruzado; nos governos Itamar e Fernando Henrique Cardoso foi adotado explicitamente como "âncora" na primeira fase do Plano Real (1994-1998); no governo Lula (2002-2010), embora já vigesse o Regime de Metas de Inflação, adotado em 1999, a valorização artificial da moeda foi elemento fundamental para o controle da inflação. Já o governo Dilma (2011- até o *impeachment* em 2016), depois de ter herdado um real valorizado, fez uma tentativa de desvalorização em meados e no fim do seu primeiro mandato, assim como no início do segundo, visando estimular a indústria e as exportações.

O apelo à valorização artificial da moeda é grande no Brasil. A renda da exportação de *commodities* associada à prática de juros reais elevados proporciona um terreno fértil para isso. Os resultados de curto prazo são inegáveis, como o barateamento das importações, das viagens e compras no exterior. O problema é que esse ganho de curto prazo se esvai a médio e longo prazos, trazendo consequências danosas para a indústria, que perde tecido, desestimula as exportações de manufaturados e o emprego nesses setores, assim como deteriora as contas externas.

Portanto, as condições de competitividade passam pela questão cambial, o que, aliado a outros ajustes macroeconômicos e a práticas inteligentes de políticas de competitividade (políticas industrial, comercial e de inovação), permitiriam viabilizar a reindustrialização, com todos os benefícios do processo: crescimento sustentado, geração de emprego, renda e receita tributária, além de equilíbrio intertemporal das contas externas.

Mas tudo isso não é automático, tampouco de curto prazo. É preciso persistir nos ajustes, lembrando que uma taxa de câmbio de equilíbrio industrial é uma condição *sine qua non*, porém não única. Ressalte-se, adicionalmente, que o cenário internacional vigente é bastante diferente daquele observado na primeira década dos anos 2000, em que o Brasil se aproveitou de um crescimento expressivo da China e aumento de preços. Isso nos exige mais ênfase nas questões estratégicas e de longo prazo, o que implica uma maior agregação de valor na produção para gerar mais emprego, renda e arrecadação tributária.

CONCLUSÃO

A crença de que apenas a expectativa de queda da inflação e sinalização do ainda distante ajuste fiscal sejam suficientes para uma retomada da confiança, que promova o crescimento continuado e robusto por si só, não se sustenta. Trata-se da crença que Paul Krugman chama de "fada da confiança", referindo-se aos ajustes malsucedidos realizados por países europeus. A insistência em buscar um ajuste fiscal impossível, na medida em que cortes de gastos públicos diminuem a atividade econômica. Menor produção representa menos arrecadação tributária para o governo, mesmo porque geralmente ocorre um aumento na inadimplência do pagamento de impostos por parte de empresas em dificuldade. Do outro lado, juros elevados pressionam os gastos com o pagamento de juros sobre a dívida pública.

O resultado é que a combinação da propalada austeridade com a prática de juros elevados não resolve a questão fiscal, muito pelo contrário, isso cria ainda mais desajustes. Essa é a saga que vem acompanhando a economia brasileira há anos a um elevadíssimo custo econômico e social.

Falta uma estratégia integrada de política econômica que trate a questão fiscal e monetária não como fins em si mesmo, mas instrumento, que, juntamente com outras iniciativas, propiciem e induzam condições para o crescimento.

Políticas fiscal e monetária têm que estar alinhadas nesse objetivo. A própria política cambial tem também papel de extrema importância nessa cruzada. Infelizmente, entre nós, ela é utilizada equivocamente como elemento de curto prazo para combater os efeitos da inflação. Mas tudo isso são movimentos de médio e longo prazo que requerem uma moeda competitiva, ou seja, desvalorizada e estável. Bem ao contrário do que vem ocorrendo. A elevada taxa de juros local vem provocando o ingresso de capitais especulativos e isso pressiona para a valorização do real.

Além disso, os demais fatores de competitividade sistêmica continuam desfavoráveis. É o caso da burocracia excessiva, do custo de infraestrutura e logística, tributação que não estimula a agregação de valor. Tudo isso ainda vai adiar o impulso para uma retomada mais consistente e robusta.

Enquanto o quadro descrito não for revertido, continuaremos, lamentavelmente, reféns do curto prazo e da especulação, em contraponto à atividade produtiva. O problema é que é impossível para uma nação com as características da brasileira, com elevado desemprego, crescimento da população ativa e ainda expressiva concentração de renda, se desenvolver sem estimular a atividade produtiva na indústria, na agropecuária e nos serviços.

Paulo Roberto de Almeida

Diplomata e diretor do Instituto de Pesquisa de Relações Internacionais do Itamaraty

Relações internacionais

Numa classificação das liberdades econômicas, a situação do Brasil, em escala mundial, bem que poderia ser menos humilhante. Segundo o relatório de 2017 do Fraser Institute, o Brasil ocupa um medíocre 137º lugar entre 159 países, atrás de todos os demais parceiros do Brics, grupo no qual duas democracias de baixa qualidade, Índia e África do Sul, estão num mesmo 95º lugar, e duas autocracias, Rússia e China, se situam respectivamente nas posições 100º e 112º, todas no terceiro quartil. Mesmo na região, nossa posição é frustrante, acima apenas da Argentina (os dados são de 2015) e da Venezuela, esta em último lugar (Cuba e Coreia do Norte não figuram). O Chile, que já entrou na Organização para a Cooperação e Desenvolvimento Econômico (OCDE), ocupa o 15º lugar, à frente de vários países desenvolvidos.

Entre as 20 maiores economias do mundo, o G-20, o Brasil registra o menor coeficiente de abertura externa; ou seja, é um país notoriamente fechado ao comércio exterior. Mesmo recebendo um volume apreciável de investimentos estrangeiros, esses fluxos, quando confrontados ao tamanho de sua economia, representam uma proporção muito pequena do PIB. Dados objetivos revelam: os países de maior renda são os mais abertos aos fluxos internacionais de comércio e investimentos; as economias mais prósperas são as de maior inovação, e isso se consegue adquirindo capacidades internas a partir de possibilidades externas. A política externa é também política econômica.

Sob qualquer critério que se considere, relações internacionais constituem uma parte incontornável da situação doméstica, e elas serão tão mais relevantes se assumidas conscientemente, deliberadamente, ativamente, não de modo tímido, defensivo ou introvertido. Países voltados para objetivos de crescimento e de desenvolvimento incorporam a política externa e o instrumento da diplomacia ao conjunto das políticas públicas de maior relevo e prioridade no leque de ações estatais, em especial no terreno econômico e da inovação. Elas são acessórias, uma vez que o esforço decisivo sempre é de ordem interna, mas podem ser relevantes em cenários globais como os de hoje.

Cabe estabelecer desde já uma distinção entre diplomacia, política externa e política internacional, muitas vezes colocadas num mesmo patamar, como se fossem perfeitos equivalentes, quando na verdade respondem a dimensões diferentes das políticas públicas. A diplomacia é mera técnica, uma ferramenta, usada por todos os Estados – ou até mesmo por empresas ou organizações não governamentais –, com vistas a atingir determinados objetivos em sua interface externa, para apoiar sua presença no cenário internacional. A política externa, por sua vez, consiste na formulação de objetivos específicos para tal ação, com base em valores e princípios – até constitucionalizados, como, no caso do Brasil, o artigo 4º da Constituição de 1988. Sua implementação prática, pela agência encarregada dessa política pública – no caso do Brasil, o Itamaraty, mas não só ele –, deve levar em conta um programa de atuação externa formulado por quem de direito: o presidente nos regimes presidencialistas; o chefe de gabinete e seu ministro setorial nos sistemas parlamentaristas.

A política internacional, enfim, intervém nos ambientes global, regional ou bilateral, nos quais os países atuam de modo diferenciado, mas invariavelmente dotados de uma política externa e sustentados pelos seus representantes setoriais, os diplomatas de carreira, ou chefes *ad hoc* de missões especiais. As relações internacionais abarcam todas essas dimensões e as unem entre si. Feitas essas distinções, caberia agora discutir qual poderia ser a atuação externa ideal do Brasil, no quadro de suas políticas setoriais, suscetível de retirá-lo da lamentável condição descrita ao início, para colocá-lo de novo num patamar de crescimento sustentado, compatível com sua história passada.

QUAIS SERIAM AS INSUFICIÊNCIAS DETECTADAS NA INTERFACE EXTERNA DO BRASIL?

O Brasil, cabe deixar claro, não possui nenhum problema de política externa, ou sequer de diplomacia. Esta última está bem servida por um corpo de funcionários competentes, profissionais devotados disciplinadamente à política externa determinada pelo presidente e pelo ministro encarregado do Itamaraty. A política externa expressa, por sua vez, a orientação do chefe de Estado, e ela pode corresponder às mais sensatas posturas – como foi o caso tradicionalmente até 2002, por exemplo –, ou então se deixar levar por preferências ideológicas "bizarras" – como tivemos durante o período do lulopetismo diplomático, que conseguiu inflexionar a área internacional do país, a sua política externa e até a sua diplomacia, com interferências partidárias em todas elas.

Todos os diplomatas aprendem, no Instituto Rio Branco, a famosa frase do seu patrono, dita, em 1902, ao assumir a chefia da chancelaria, depois de longuíssima estada no exterior: "Não vim servir a partidos, mas ao Brasil." Parece que não foi o caso nos anos de demagogia econômica e diplomática: além da recessão e do grave descalabro fiscal, os retrocessos no plano externo deveram-se justamente à miopia registrada nessa área.

A maior crise econômica de toda a nossa história foi indevidamente atribuída pelo regime lulopetista a uma suposta crise internacional, o que contraria as evidências disponíveis, já que países com o mesmo perfil de inserção internacional – exportação de *commodities*, baixa competitividade nos produtos de maior elasticidade-renda – fizeram bem melhor que o Brasil em termos de crescimento. Uma preferência atávica por um inexistente "Sul global" fez o Brasil perder grandes oportunidades comerciais, ao mesmo tempo em que o seu entranhado protecionismo industrial – agrícola também – mantém o Brasil afastado das principais cadeias globais de valor, que constituem a face mais evidente do atual estágio da economia mundial e do comércio internacional.

É a política externa, portanto, que precisa mudar, sobretudo em sua vertente econômica, para que a diplomacia possa contribuir de modo competente e coadjuvante para uma solução dos maiores problemas da nação, que são, praticamente todos, de ordem exclusivamente interna. Com efeito, os mais graves problemas brasileiros – econômicos, políticos, sociais, regionais – têm origem interna e precisam receber soluções essencialmente, senão totalmente, domésticas, para que o Brasil possa iniciar um novo processo de crescimento sustentado. Isso com transformações estruturais de seu sistema produtivo – no sentido de maiores ganhos de produtividade – e com a distribuição social de seus benefícios, preferencialmente por meio de mecanismos de mercado antes do que pela via ilusória do distributivismo estatal.

Não há muito o que a diplomacia ou a política externa possam fazer para resolver a grave crise fiscal que o país atravessa, e atravessará pelos próximos anos. Mas existe, sim, espaço para que ambas possam ser mobilizadas em favor do segundo grande problema da presente conjuntura histórica: a elevação dos níveis medíocres de produtividade. A diplomacia sempre foi a coadjuvante dos processos e programas nacionais de desenvolvimento, mas nem sempre ela foi orientada da maneira mais racional possível para servir plenamente a tais objetivos. Isso se deveu a equívocos da própria política econômica, em suas vertentes setoriais – a comercial, a industrial, a científica e tecnológica, a educacional, e outras mais –, sem deixar de mencionar o caráter errático das políticas macroeconômicas: cambial, fiscal e monetária.

QUAIS PROBLEMAS, QUAIS SOLUÇÕES? QUAL O PAPEL DA POLÍTICA EXTERNA?

A primeira tarefa da política externa e, consequentemente, a de sua diplomacia é contribuir para um processo de crescimento sustentado dos ganhos de produtividade, pela redução do custo do capital e o aperfeiçoamento do capital humano, os dois elementos mais importantes da produtividade total de fatores, junto com as demais externalidades positivas que cabem ao Estado prover de forma eficiente. A melhor maneira de atingir esses objetivos passa pela abertura econômica e pela liberalização comercial; ambas as medidas constituem, principalmente, decisões de política doméstica, bem mais do que de política externa, que é acessória a esses objetivos maiores. A maneira de fazê-lo é uma tarefa de política econômica interna, tanto por razões estruturais quanto conjunturais, e é fácil identificar as razões.

O Brasil, como afirmado, é um país introvertido, o mais fechado do G-20, o grupo de nações economicamente mais importantes do mundo – todas as demais possuem coeficientes de abertura externa bem superiores ao do Brasil. Ou seja, somos nós que estamos errados, somos nós que nos fechamos ao mundo, que condenamos nosso povo a consumir produtos caros e de baixa qualidade, que obrigamos os empresários a se abastecer internamente a custos bem mais altos. Isso os torna pouco competitivos externamente e redunda nessa desindustrialização precoce dos últimos anos.

No plano conjuntural, o mundo atravessa uma fase de relativa estagnação nas iniciativas e propostas de negociações comerciais multilaterais, e não há muito o que esperar da Organização Mundial do Comércio (OMC), daí os muitos acordos de livre comércio em escala regional, ou dos esquemas mais abrangentes do que as zonas de comércio preferencial, restritos aos países dispostos a ir além dos meros mecanismos de acesso a mercados para entrar no terreno regulatório e nos novos temas dos intercâmbios globais (investimentos, serviços, propriedade intelectual etc.). O Brasil, como no caso da abertura tarifária, está ausente desse universo negociador, e esse é o primeiro grande problema externo da fase atual.

Abertura econômica e liberalização comercial constituem, portanto, dois grandes objetivos de política doméstica que precisam e devem ser coadjuvados pela política externa e pela diplomacia para produzirem resultados benéficos no curto e no médio prazo. Foram esses dois elementos que contribuíram, junto com as privatizações, para maiores ganhos de produtividade na economia nos anos 1990, quando reformas foram feitas nessa direção. Isso preparou o Brasil, a partir da estabilização macroeconômica conduzida, entre 1994 e 1999, para a fase de maior crescimento na primeira metade dos anos 2000, expansão revertida e desmantelada logo adiante pelas políticas equivocadas adotadas a partir de 2006 e agravadas entre 2011 e 2015.

É nesse contexto de reformas estruturais importantes, a serem implementadas nos planos interno e externo, que se situa a decisão tomada, em 2017, no sentido de solicitar a adesão plena do Brasil à OCDE, o "clube das boas práticas" que pode contribuir para esse processo de reformas que o Brasil deve perseguir no seu próprio interesse nacional. A OCDE possui notória *expertise* e vasta experiência nos terrenos das reformas fiscais, setoriais e sociais, com destaque para as áreas de políticas comercial, industrial, tecnológica e educacional, ou seja, tudo o que o Brasil necessita para deslanchar um novo salto no plano do crescimento sustentado. Os requerimentos de entrada podem, aliás, apoiar as reformas.

As reformas mais difíceis são, sem dúvida alguma, a fiscal e a tributária, uma conectada à outra, mas aqui também o *know-how* acumulado pela OCDE nessa área pode se revelar valioso em várias dimensões. Na política comercial, os estudos da OCDE já provaram fartamente que restrições a um comércio mais livre redundam sempre num declínio da produtividade do trabalho e, portanto, dos padrões de vida. O protecionismo comercial brasileiro dificulta, e até mesmo impede, uma maior integração de nossas empresas às cadeias globais de valor, que constituem o lado mais conspícuo da globalização microeconômica, que é onde se processa, junto com as ferramentas de comunicação social, o lado mais relevante desse fenômeno abrangente e inescapável.

A redução do custo do capital também passa por maior abertura econômica e basicamente pela maior atratividade de investimentos diretos, inclusive no setor financeiro, para diminuir o grau absurdo de concentração bancária hoje existente. A política externa e a diplomacia devem servir a todos esses objetivos da maneira mais eficiente possível, o que justificaria um redimensionamento da rede exterior de representação, exageradamente estendida na primeira década do século XXI.

A política externa brasileira sempre teve como princípio organizador uma mal definida "diplomacia do desenvolvimento". Tratava-se, na verdade, mais de um *slogan* e, mesmo, uma ideologia do que propriamente uma doutrina adequadamente elaborada, resultando de uma combinação improvisada de prescrições vagamente influenciadas pelo desenvolvimentismo latino-americano da Comissão Econômica para a América Latina e o Caribe (Cepal) e de demandas de tratamento preferencial e mais favorável para países em desenvolvimento, emanadas da United Nations Conference on Trade and Development (UNCTAD, Conferência das Nações Unidas sobre Comércio e Desenvolvimento). Ao abrigo dessas correntes de pensamento, ocorriam vibrantes discursos defendendo "espaços de políticas econômicas" em prol de "projetos nacionais de desenvolvimento", o que servia de razão, de justificativa e de defesa para o protecionismo tarifário, para as restrições aos investimentos estrangeiros em determinados setores, para os monopólios estatais em indústrias ditas "estratégicas", para restrições aos fluxos de bens, de serviços e de capitais em nome do equilíbrio do balanço de pagamentos, da preservação da autonomia tecnológica, ademais de diversos outros expedientes, mal coordenados entre si, mas que de fato atuaram contrariamente ao grande objetivo de romper a barreira do subdesenvolvimento para alcançar o patamar das nações ricas.

O Brasil não esteve sozinho nesses experimentos desenvolvimentistas, já que acompanhamos os mesmos tipos de políticas da maioria dos países latino-americanos, que, se bem-sucedidas em sua implementação reiterada e teimosa ao longo de décadas, deveriam levar o continente àquele grande objetivo. Ora, o que se assistiu, ao longo desse período, foi a superação gradual dos países latino-americanos pelos da Ásia-Pacífico, praticamente uma troca de lugares na economia mundial, tanto em termos de pautas exportadoras, de diversificação industrial, de ofertas competitivas em bens e serviços, quanto da atração de investimentos diretos estrangeiros. A América Latina, e com ela o Brasil, reduziu seus índices de participação nos intercâmbios mundiais, ao passo que os países da Ásia-Pacífico começaram a ocupar frações crescentes desses fluxos globais.

Está, portanto, mais do que na hora de substituir essa mal definida "diplomacia do desenvolvimento com preservação da autonomia nacional" por uma vigorosa política de integração à economia mundial, com a adoção consequente de políticas setoriais visando à inserção das empresas brasileiras nos padrões competitivos da globalização. A OCDE poderá subsidiar a redefinição dessas políticas no novo sentido pretendido; mesmo quando a adesão formal não se realize, nada deveria impedir o Brasil de reformar o conjunto de políticas nas áreas industrial, comercial e tecnológica na direção da integração mundial, abandonando o prejudicial nacionalismo autonomista, que é de fato redutor de nossas possibilidades de progresso econômico.

QUAIS SERIAM AS PRIORIDADES NOS PRÓXIMOS ANOS?

O Brasil sempre privilegiou a via multilateral e a coordenação regional em diversas áreas, inclusive em matéria de integração econômica. Sob a diplomacia partidária do regime anterior, ele fez mais do que isso: adotou preventivamente uma preferência ideológica por certas "parcerias estratégicas", o que o fez perder tempo na busca de uma ilusória aliança com protagonistas do chamado "Sul global", o que podia encantar acadêmicos e militantes alheios às realidades da economia mundial, mas que em nada serviu para promover os interesses concretos de sua economia. O que caberia fazer seria recuperar a plena autonomia da política externa na coordenação das políticas nacionais em todas as áreas de negociações internacionais e regionais, sem mais preferências ideológicas ou compromissos herdados do passado recente – que nos prendiam a determinados compromissos políticos mais estabelecidos em função daquelas preferências partidárias do que das reais necessidades da economia nacional.

O Brasil é grande o suficiente, e dotado de uma diplomacia adequadamente preparada, para atuar de modo independente nos mais diferentes foros de negociações internacionais, sem precisar de uma coordenação redutora em certas áreas, o que acaba levando-o a um mínimo denominador, em escala regional ou em outras esferas, distante, portanto, de objetivos mais ambiciosos, que correspondem ao seu novo objetivo de integração plena à economia mundial. O objetivo é este: a diplomacia deve atuar, o mais possível, de modo corajosamente autônomo, o que pode parecer óbvio, mas nem sempre prevalece, segundo concepções que privilegiam a ação via grupos.

A plena capacitação tecnológica de sua economia, por exemplo, pode e deve fazer-se numa abertura decisiva em direção dos parceiros tradicionais do passado, mais eficiente do que numa ilusória aliança com novos parceiros, ditos "não hegemônicos", aliança geograficamente determinada numa única direção. Da mesma forma, políticas sociais e educacionais, ou mesmo a regulação setorial, ganhariam bem mais com a adoção de padrões já adequadamente testados em países avançados, todos pertencentes à OCDE, do que nesses experimentos duvidosos, empurrados burocraticamente por tecnocratas descolados da vida empresarial, ou penosamente e artificialmente estimulados num âmbito puramente dominado pela tecnocracia governamental.

QUAIS SÃO OS RECURSOS DISPONÍVEIS PARA OS PROGRESSOS NA ÁREA EXTERNA?

Qualquer consulta aos relatórios técnicos mais relevantes da economia global – competitividade, ambiente de negócios e liberdade econômica – revela que o Brasil não avançou, e que, de fato, ele recuou em vários desses indicadores globais ou setoriais, o que foi o resultado de anos de inépcia administrativa e de incompetência gerencial, o que cabe agora corrigir e avançar, para recuperar o atraso acumulado.

O que se propõe, portanto, é a adoção verdadeiramente estratégica de todos esses indicadores, refinados e adaptados ao nosso contexto, para guiar as diretrizes setoriais da política externa e da diplomacia brasileira nesse esforço de integração do Brasil à economia global. Os relatórios anuais do Fórum Econômico Mundial sobre competitividade, os do Banco Mundial sobre "Fazendo Negócios" e os do Fraser Institute sobre liberdades econômicas deveriam converter-se em manuais práticos de nossos técnicos econômicos e diplomatas na redefinição de amplas áreas da regulação nacional tratando de políticas econômicas externas e de relações econômicas internacionais. Uma leitura atenta desses relatórios, confrontando indicadores relativos ao Brasil com os de outros países, inclusive economias menores ou nações de menor renda *per capita* que a brasileira, revela o que já se sabe: nosso país apresenta inúmeras distorções macro e setoriais, quase todas elas derivadas da burocracia estatal, de um sistema tributário extorsivo e irracional, de uma regulação intrusiva, tudo isso fazendo um ambiente de negócios verdadeiramente infernal para o empresário nacional.

Deve-se, aliás, corrigir essa noção de que existe um "custo Brasil", o que tornaria o cenário em algo quase determinista, ou fatalista, como se a responsabilidade fosse de todos, ou seja, de ninguém. Na verdade, esse custo deve ser chamado pelo seu verdadeiro nome: custo do Estado brasileiro. É ele o grande responsável por uma carga fiscal equivalente à média dos países ricos, numa economia com um PIB *per capita* cinco vezes menor, ou seja, um nível tributário mais de dez pontos percentuais acima dos países emergentes de renda equivalente. Não apenas o volume de impostos é avassalador para a competitividade das empresas brasileiras, mas também a burocracia envolvida no recolhimento dessas receitas compulsórias é estupidamente esquizofrênica.

Todos esses relatórios exibem um número tão excessivo de idiossincrasias – não necessariamente brasileiras, mas do Estado brasileiro, e dos seus governos – que a nossa diplomacia pode passar um bom tempo identificando como os outros países colocados num mesmo patamar de desenvolvimento atuam sobre os mecanismos mais distorcivos e mais perversos que retiram competitividade aos produtos e serviços aqui produzidos e colocam o Brasil nos piores indicadores em escala comparativa. A Índia, por exemplo, deu enormes saltos de produtividade e de competitividade no plano mundial simplesmente ao identificar os critérios no levantamento do Banco Mundial que a colocavam numa classificação muito baixa no ranking do *Doing Business*: o trabalho feito de correção dessas distorções levou-a, em poucos anos, a ultrapassar o Brasil na classificação geral. O mesmo pode ser feito pela diplomacia brasileira em diversos outros componentes de políticas setoriais, identificando as melhores práticas pelos países que apresentam indicadores mais favoráveis ao ambiente de negócios.

A redução eventual das receitas, advinda de reformas no sistema tributário e nos mecanismos regulatórios, seria mais do que compensada pelos ganhos de produtividade e de competitividade a serem incorporados pelas empresas brasileiras em decorrência dessa adequação a patamares "normais" de funcionamento do sistema produtivos, em todo caso segundo padrões vigentes na maioria dos países inseridos na economia global. É evidente que haverá custos de transição, que terão de ser compensados pela redução das despesas públicas, mas nesse campo também a diplomacia precisa ser mobilizada para demonstrar as imensas distorções existentes sob a forma de gastos com o próprio Estado e seus aparelhos institucionais, quando vistos em escala comparativa. Parece claro, por exemplo, que o funcionamento dos poderes, a remuneração da sua burocracia, o custo da Justiça do Trabalho e, sobretudo, dos regimes previdenciários constituem verdadeiras anomalias vistas no plano internacional, e isso precisa ser evidenciado pela nossa diplomacia, em função de sua capacidade de realizar levantamentos de questões funcionalmente similares em direção de países com instituições equivalentes.

O mesmo se estende, por exemplo, aos mercados de capitais, regimes laborais, sistemas de inovação, funcionamento do ensino público e sua complementação pelo setor privado nos diversos níveis e várias outras áreas problemáticas no atual cenário brasileiro: a diplomacia pode, e deve, trazer uma grande contribuição para diagnósticos realistas sobre as disfunções brasileiras, atribuindo-se depois à política externa a missão de negociar eventuais acordos de cooperação para que as prescrições adequadas sejam seguidas de propostas concretas de reformas setoriais, em linha com padrões existentes de qualidade em países de melhor desempenho nessas áreas. Aqui, novamente, a OCDE poderia prover o Brasil de todas as informações necessárias a esses diagnósticos.

COM QUEM PODEMOS CONTAR?
RELAÇÕES REGIONAIS E COM GRANDES PARCEIROS

A primeira circunstância do Brasil é, obviamente, a sua geografia, e é com ela que o país deve trabalhar para assegurar um ambiente continental favorável ao bem-estar do seu povo, aos processos de desenvolvimento, à segurança e ao respeito aos princípios dos direitos humanos e da democracia inscritos em nossa Constituição. Nela também está a "obrigação" de realizar a integração com as demais nações da região. O projeto de integração – que já passou por diversas fases – necessita, porém, ser retomado em novas bases, uma vez que a união aduaneira do Mercosul não parece ter condições de funcionar de modo adequado na configuração atual. De certo modo, o Brasil, como o país mais avançado industrialmente e tecnologicamente, pode decidir abrir-se de modo mais amplo aos produtos e serviços dos países vizinhos, sem exigir reciprocidade. Caberia, igualmente, retomar o projeto de integração física proposto em 2000 e deixado num estado disfuncional pelos equívocos de política econômica e de política externa, nos anos em que esta foi dominada por uma diplomacia partidária animada mais por preconceitos ideológicos do que pela expressão concreta dos interesses nacionais.

Muito do que deve ser feito no continente nesse terreno depende, obviamente, de um bom ambiente regulatório, o que pode revelar-se praticamente impossível quando vários países adotaram orientações estatizantes e contrárias ao investimento estrangeiro em suas disposições setoriais nacionais, aliás, como o próprio Brasil durante o reinado companheiro. Assim, a mudança de postura do Brasil nessas áreas, sobretudo a abertura necessária aos capitais internacionais, pode sinalizar um bom ambiente de negócios e de investimentos, que cabe estimular nos planos da diplomacia e da política externa por novas iniciativas de caráter integracionista pragmático. Aqui, como em vários outros terrenos, os problemas são e continuam a ser de ordem essencialmente interna – como é o caso do protecionismo brasileiro, mesmo contra produtos e serviços dos vizinhos que, teoricamente ao menos, gozam de acesso aos mercados brasileiros por mera redução das tarifas aplicadas, quando os problemas são propriamente regulatórios –, o que, porém, não deveria impedir a diplomacia de indicar claramente quais os obstáculos percebidos por esses países. Ao proceder em modo de abertura unilateral, o Brasil pode contribuir para a formação de um grande espaço econômico integrado em escala regional, sem mesmo precisar negociar acordos bilaterais ou plurilaterais com os países vizinhos.

Por outro lado, o conceito de "parceria estratégica" foi usado de modo muito peculiar nos anos do lulopetismo diplomático, privilegiando unilateralmente supostos aliados considerados "anti-hegemônicos", numa tentativa canhestra de criar "novos polos de poder" distanciados das antigas potências coloniais e "imperialistas". Na verdade, a diplomacia brasileira não precisa e não deveria ficar selecionando quais são ou deveriam ser os seus "parceiros estratégicos". O que uma política externa sensata dever fazer, a partir de claras diretrizes governamentais, é definir quais são os objetivos estratégicos nacionais, suas metas prioritárias, e a partir daí, e em função disso, escolher as melhores parcerias que se encaixem de forma racional e pragmática na perspectiva da cooperação ideal para os setores e áreas nas quais se busca o melhor desempenho para aquele campo específico. Não existe e não pode existir um determinismo geográfico por um fantasmagórico "Sul global" em todas as áreas de interesse brasileiro de cooperação, assim como não podem existir grupos rígidos e coalizões estáveis quando são muito diversos os objetivos estratégicos do país: o interesse nacional deve, assim, selecionar os melhores parceiros, não aqueles supostamente alinhados ideologicamente.

AS BARREIRAS EXISTENTES, AS VEREDAS DO PROGRESSO E O ENGAJAMENTO DECISIVO

Mais do que obstáculos materiais intransponíveis, as barreiras existentes a um processo sustentado de crescimento econômico se situam em alguns dos "ismos" já detectados muitos anos atrás por alguns dos melhores estadistas brasileiros: o dirigismo e o intervencionismo estatais, o protecionismo exacerbado, o nacionalismo equivocado e o patrimonialismo entranhado em nosso sistema político. A diplomacia brasileira é perfeitamente capaz de colocar o Brasil numa perspectiva comparativa internacional, evidenciando nossas mais graves limitações em termos de custo do capital, de ambiente de negócios e de ganhos de produtividade. Pode-se, por exemplo, tomar como guias o relatório do Banco Mundial sobre ambiente de negócios, o do The World Economic Forum sobre competitividade e o do Fraser Institute sobre liberdades econômicas, e também os dados da OCDE sobre deficiências educacionais, que incidem sobre a produtividade do capital humano, para, a partir daí, identificar claramente quais políticas setoriais e quais medidas adotar para colocar o Brasil no cenário global. A intenção seria fornecer um roteiro sobre onde, como e em que ritmo trabalhar para superar as limitações setoriais, sendo que a análise internacional teria de ser intensamente confrontada aos dados internos e, sobretudo, ao ambiente regulatório nacional, para verificar e identificar uma agenda de reformas.

O Itamaraty poderia ser mobilizado nessa nova frente de trabalho para pesquisar, pensar e propor reformas fundamentais no plano interno, com base numa análise qualitativa (mas apoiada em sólidos dados quantitativos) dos dados internacionais com respeito às políticas e instituições de maior eficiência relativa em três áreas fundamentais para o bom desempenho do país: Justiça, Trabalho e Educação. Alguns dos dados a respeito dessas questões setoriais – mas que são, ao mesmo tempo, políticas horizontais e de caráter praticamente macro, ainda que incidindo sobre cada uma dessas instituições no plano do seu funcionamento micro – já estão presentes nos relatórios anteriormente referidos, mas um trabalho de pesquisa suplementar precisa ser conduzido para isolar fatores, mecanismos e instrumentos que atuam para dar maior eficiência na condução desses setores nos países que apresentam boas performances.

A intenção não seria fazer com que o Brasil copie modelos estrangeiros ou adote estruturas e instituições moldadas para outros contextos sociais e culturais, mas identificar nossas deficiências relativas – em alguns casos absolutas – e fazer as reformas adaptativas necessárias para aumentar o grau de eficiência no funcionamento desses importantes setores da vida pública. Por acaso se trata de três áreas nas quais comportamentos corporativos, deformações patrimonialistas e resistência às reformas são mais entranhadas, exigindo, por isso mesmo, uma demonstração cabal de como o Brasil destoa dos exemplos de maior eficiência setorial, para justificar e defender a necessidade de reformas nessas áreas. O que se pode desde já antever é que reformas nessas áreas superam um mandato governativo e que elas devem ser vistas como um processo de adaptações contínuas aos dados sempre cambiantes da realidade.

Estudos setoriais complementares precisariam igualmente ser conduzidos para outras importantes questões de interesse nacional relevante, como o sistema tributário e as instituições e medidas de segurança pública, mas cuja complexidade supera, provavelmente, a capacidade analítica do Itamaraty, que pode, no entanto, ajudar a identificar as melhores práticas em outros contextos nacionais, em cooperação com os órgãos pertinentes do Brasil, que de toda forma já possuem assessorias internacionais.

A política externa e a diplomacia brasileira sempre foram esteios fundamentais em fases anteriores do processo de desenvolvimento nacional. No entanto, as políticas macro e setoriais adotadas, sobretudo no período recente, padeceram dos defeitos já apontados aqui: introversão, protecionismo, nacionalismo excessivo, dirigismo mal concebido e mal implementado. Uma reorientação geral dessas políticas, no sentido da abertura econômica e da liberalização comercial, fará com que a política externa e a sua diplomacia voltem a atuar como suportes essenciais, ainda que complementares, a um novo tipo de desenvolvimento.

Roberto Rodrigues
Coordenador do Centro de Agronegócio da FGV e embaixador especial da FAO-ONU

Agricultura

Não há dúvidas de que um dos maiores desafios da humanidade no século XXI consiste em compatibilizar a oferta de alimentos e energia com toda a população do planeta sem destruir os recursos naturais. E também não há dúvidas de que ao agronegócio brasileiro cabe um papel de grande destaque nesse cenário.

Para confirmar isso basta examinar o estudo do The United States Department of Agriculture (USDA, Departamento de Agricultura dos Estados Unidos) mostrando que nos próximos dez anos a oferta mundial de alimentos precisa continuar aumentando em função da demanda crescente, e que o Brasil é o país que mais pode aumentar sua produção, com um crescimento projetado de mais de 40%, praticamente o dobro do que o mundo poderia alcançar.

Quadro 1 – Projeção do aumento da produção de alimentos até 2026/27

[Mapa mundial com percentuais por país/região: Canadá 9%, União Europeia 12%, Rússia 7%, Estados Unidos 10%, China 15%, Brasil 41%, Austrália 9%]

Fonte: USDA Agricultural Projections to 2026 - Long-term Projections Report No. OCE-2017-1. February 2017.

Aliás, desde o começo desta década, a ONU vem divulgando estudo segundo o qual até 2050, quando a população global ultrapassar 9,3 bilhões de pessoas, será preciso aumentar em mais de 50% a produção de comida. Interessante é o fato da ONU se preocupar com segurança alimentar. Por trás disso está certamente um conceito óbvio: a ONU tem por responsabilidade explícita a defesa e a manutenção da paz mundial, no que, diga-se de passagem, tem tido algumas dificuldades, mas sabe que não haverá paz onde imperar a fome, de modo que segurança alimentar é também segurança de paz. Prova mais recente disso são as trágicas imigrações de asiáticos, africanos e pessoas oriundas do Oriente Médio para a Europa Ocidental em busca de comida e trabalho, não encontrados em seus países de origem em função das guerras.

Mas em que se baseia o estudo do USDA para dar ao Brasil essa enorme responsabilidade de aumentar em 41% sua produção de alimentos em dez anos? Em três pilares principais: tecnologia, disponibilidade de terra e gente capaz em todos os elos das cadeias produtivas.

O primeiro tem a ver com a tecnologia tropical sustentável desenvolvida por nossos órgãos de pesquisa e desenvolvimento liderados pela

Embrapa e implementados por universidades, instituições públicas e privadas atuando em todo o território nacional. O Quadro 2, a seguir, mostra avanços notáveis em relação à produção de grãos desde 1990, ano do Plano Collor, até agora.

Quadro 2 – Produção brasileira de grãos – Safra 1990/91 a 2017/18

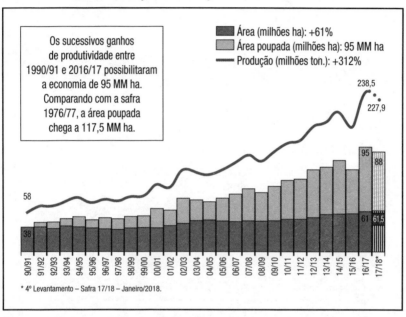

* 4º Levantamento – Safra 17/18 – Janeiro/2018.

Fonte: Conab.

De fato, o Plano Collor causou um duro descasamento de renda no campo, expulsando milhares de produtores rurais da atividade, o que se acentuou mais tarde, em 1994, com o Plano Real. Os agropecuaristas se socorreram nas tecnologias existentes e aumentaram a produtividade por hectare. No período, a área plantada com grãos cresceu 61% no país, enquanto a produção aumentou 312%, cinco vezes mais. Esses números ficam ainda mais expressivos ao considerarmos que, se a produtividade por hectare fosse hoje a mesma que tínhamos em 1990, seriam necessários mais 95 milhões de hectares para colhermos a safra 2016/17. Em outras palavras, esses 95 milhões de hectares de florestas ou cerrados não foram desmatados, provando a sustentabilidade da nossa atividade rural.

Porém, não foi só nos grãos que a tecnologia evoluiu. O mesmo aconteceu com as carnes: a produção de carne bovina cresceu 85%; a de suínos, 252%; e a de frangos, outros 448%, segundo estudos da USDA.

No caso da carne bovina, a sustentabilidade está evidente, como mostra o Quadro 3, em que se nota que a área de pastagem vem diminuindo no país, enquanto aumenta a produção.

Quadro 3 – Evolução da área de pastagens e da produtividade da pecuária brasileira

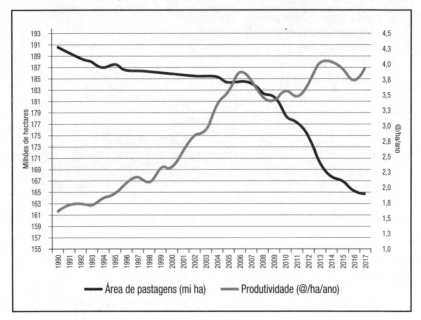

Fonte: Agroconsult Pecuária, com dados IBGE, Lapig, MapBiomas, Prodes, Terraclas.

O mesmo fenômeno se repete em culturas permanentes (frutas, café) e semipermanentes como a cana-de-açúcar. Em todos os casos a área plantada cresceu menos do que a produção, poupando terras florestadas do desmatamento.

Mas os saltos tecnológicos não param por aí. Vem vindo uma espetacular onda de inovações no campo, sobretudo no que diz respeito à conectividade, que fará as máquinas e equipamentos agrícolas conversarem entre si, e, em breve, teremos colhedeiras trabalhando sem operador, manejadas do escritório. São centenas as *startups* que buscam soluções de TI na gestão das propriedades rurais e empresas do agro, como as cooperativas e as agroindústrias. Drones já voam sobre as fazendas brasileiras identificando áreas que precisam de combate a pragas e doenças, reduzindo custos operacionais. Nanotecnologia e biotecnologia aplicadas ao campo reduzirão ainda mais os custos com melhoria de produtividade.

E existem ações mais concretas em franco desenvolvimento no interior, como é o caso do Programa ABC do Ministério da Agricultura, composto de uma série de projetos direcionados à sustentabilidade, que nos permitirão cumprir o compromisso assumido na COP 21 de reduzir as emissões de gases de efeito estufa (com base no que foi emitido em 2005) em 37% até 2025 e 43% até 2030. Entre os projetos mais notáveis, está o da Integração Lavoura-Pecuária-Floresta (ILPF), um ovo de Colombo que permite fazer duas atividades por ano nas regiões onde não chove no inverno: uma cultura no verão e pecuária no inverno. É muito simples: quando o ciclo da cultura de verão estiver terminando, o produtor semeia pasto, de modo que, quando a colheita do grão se realiza, já existe uma pastagem rica e verde onde, em condições normais, o capim já estaria seco. E aí se pratica uma bovinocultura sustentável até que chegue o próximo verão e se plante nova cultura de grãos. Isso reduz a demanda por mais desmatamento, aumentando a renda rural e integrando as atividades. Essa tecnologia se soma a outras já praticadas há tempos, todas sustentáveis, como o plantio direto, por exemplo. Atualmente, a estimativa é de que já existem 14 milhões de hectares com a ILPF, e milhares novos estão se somando a esses (Quadro 4).

Aliás, já temos hoje mais de 7 milhões de hectares de florestas plantadas, e aumentando, seja para utilização em papel e celulose, seja na siderurgia, seja para carvão industrial.

Quadro 4 – Metas do Plano ABC para 2020

Tecnologia	Meta	Potencial de Mitigação (milhões de ton. de CO_2 eq.)
Recuperação de pastagens	15 milhões ha	83 a 104
Integração lavoura-pecuária-floresta (ILPF)	4 milhões ha	18 a 22
Plantio direto	8 milhões ha	16 a 20
Fixação biológica de nitrogênio	5,5 milhões ha	10
Florestas plantadas	3,0 milhões ha	–
Tratamento de dejetos animais	4,4 milhões m^3	6,9
		Total: 133,9 a 162,9

Fonte: Observatório ABC.

Outro setor do agronegócio muito sustentável é o da cana-de-açúcar, sobretudo para a produção de energia. A produção de etanol de cana, por exemplo, emite apenas 11% do CO_2 expelido pela gasolina. Além do etanol, a cogeração na indústria canavieira está produzindo energia elétrica a partir da queima do bagaço resultante da moagem e também das folhas secas que podem ser removidas do canavial. Este capítulo se insere num tema muito importante para o mundo contemporâneo, que é a segurança energética, dentro da mesma preocupação com a sustentabilidade exigida na produção de alimentos, em que se deve buscar a produção de energia renovável, como a agroenergia, a solar e a eólica, além da hidroelétrica.

Também nesse quesito, o Brasil dá exemplo de eficiência. O Quadro 5, a seguir, mostra a diferença entre a matriz energética global e a brasileira, indicando a expressiva participação da cana-de-açúcar na nossa energia renovável. A recente aprovação do RenovaBio, legislação que garante previsibilidade nos resultados de investimentos nesse campo, é um fator que viabilizará a retomada da agroenergia em nível mais coordenado e sistêmico.

Quadro 5 - Matriz Energética (2016) – o exemplo do Brasil

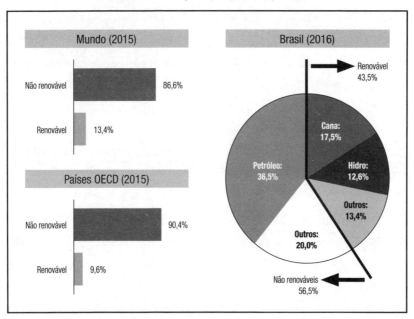

Fonte: IEA – Renewables Information (2017 Ed.), MME (Ben 2017).

Todas essas informações mostram o quanto temos evoluído nas tecnologias geradas e utilizadas em todo o país, tropicalizadas e sustentáveis. Mas há muito mais a ser feito, e uma das áreas mais críticas está na defesa sanitária, tanto animal quanto vegetal. Faz-se necessária a desburocratização dos mecanismos de reconhecimento de novas moléculas de agroquímicos, cuja avaliação chega a demorar sete anos ou mais, enquanto nos países desenvolvidos esse tempo dificilmente é maior que dois anos. E temos que investir em novas formulações de fertilizantes, uma vez que importamos mais de 70% de nosso consumo. Os organo-minerais precisam crescer para reduzir a crescente demanda de importação.

Outro tema estratégico tem a ver com a agregação de valor. Embora possamos ficar ainda muitos anos à frente exportando *commodities* agrícolas, é de todo interessante verticalizar a produção de alimentos, gerando mais renda e empregos no país. E essa questão não passa apenas pela construção de indústrias de transformação: está diretamente ligada às regras da Organização Mundial do Comércio (OMC) no que diz respeito à escalada e aos picos tarifários. Os países desenvolvidos colocam barreiras tarifárias para importação de nossos produtos industrializados, para favorecer a indústria deles, enquanto as tarifas sobre as matérias-primas são menores ou até nulas. Exemplo interessante é o café: o Brasil exporta mais de 25% do café em grão comercializado globalmente, e menos de 2% do café torrado e moído, porque este tem tarifa alta na importação. Com isso, os países que mais exportam café industrializado são Alemanha e Itália, que não têm uma única árvore de café plantada. Acordos bilaterais ou multilaterais entre países são essenciais para resolver essa questão. Outro caso exemplar é a soja que exportamos para a China: vai quase toda em grão para lá, e os chineses fazem farelo e óleo que alimentam seus rebanhos. Poderíamos exportar esses produtos com valor agregado, já transformados em proteína animal, como carnes ou laticínios.

Uma segunda vantagem comparativa que temos em relação a nossos concorrentes na produção de alimentos, energia e fibras é a disponibilidade de terra. Com a tabulação dos dados do Cadastro Ambiental Rural determinado pelo nosso rigoroso Código Florestal, a Embrapa mostra que a área total utilizada pelo agropecuário nacional não chega sequer a um quarto do território, como se observa no quadro adiante.

Quadro 6 – Uso da terra no Brasil

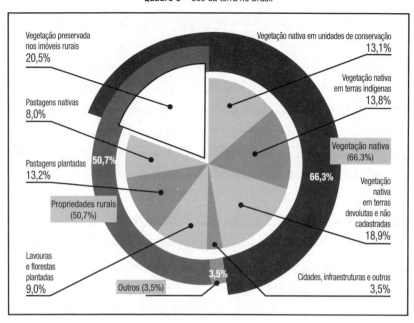

*Dados calculados e estimados pelo GITE/Embrapa em maio de 2017.
Fontes: SFB, Sicar, Embrapa, IBGE, MMA, Funai, DNIT, ANA, NPOG.

E ainda mais, a área com vegetação nativa atinge mais de 65% do território, seja por causa dos milhões de hectares preservados pelos produtores rurais; seja pelas reservas nacionais, estaduais e municipais públicas e privadas; seja a área reservada para índios e quilombolas; seja pelos parques preservados. Tais elementos mostram um potencial de novas áreas a serem cultivadas que dependerão de mudanças em algumas regras e/ou legislações atualmente em vigor, além de capital para tanto, inclusive externo. Os dados organizados pela Empresa Brasileira de Pesquisa Agropecuária (Embrapa) expostos no Quadro 6 foram confirmados em trabalho publicado pela Nasa no começo de 2018.

Finalmente, um terceiro fator indutor do nosso crescimento agro se deve aos recursos humanos que temos em todas as cadeias produtivas do setor. Ao contrário de outros países do mundo, estudo recente da Associação Brasileira de Marketing Rural e Agronegócio (ABMRA) mostra que a idade média do produtor rural brasileiro vem caindo, assim como a participação das mulheres na gestão das fazendas vem aumentando. Em ambos os casos, moças e rapazes que estão assumindo o comando das propriedades rurais têm formação técnica e acadêmica superior à de seus pais e avós, garantindo a assimilação de novas tecnologias não só na produção, mas principalmente na gestão. São jovens afeitos à TI que sabem em tempo real o que vale cada produto em cada mercado no mundo, tomando decisões sobre o que e quanto plantar de cada cultura, com redução dos riscos comerciais. Sabem exatamente as condições de clima no Brasil e exterior, conhecendo assim a posição dos competidores.

Mas talvez seja no cooperativismo brasileiro que se encontre a mais notável mudança para melhor nas lideranças, nos funcionários e até mesmo na compreensão dos associados quanto ao papel de cada um e de todos no processo produtivo. Para isso, tem sido exemplar o trabalho da Organização das Cooperativas Brasileiras (OCB) na formação, capacitação e treinamento de pessoal nesses três níveis. Com mecanismos ligados ao S do cooperativismo – o Sescoop –, a OCB tem estimulado progressos em gestão e governança das cooperativas, levando-as a assumir crescente importância no cenário produtivo: cerca de 50% da produção agrícola nacional passa por cooperativas, que estão, assim, garantindo a permanência e o crescimento dos pequenos produtores, essenciais para o equilíbrio do tecido social no campo.

Por outro lado, as cooperativas de crédito estão ampliando sua participação na oferta de recursos aos associados, cobrindo uma lacuna que os bancos comerciais não se interessam em assumir.

Também o Sistema Sindical, liderado pela Confederação Nacional de Agricultura e Pecuária (CNA), através do Serviço Nacional de Aprendizagem Rural (Senar), tem contribuído de forma exemplar para a formação de novos dirigentes e líderes para o agronegócio, investindo pesado no treinamento de jovens agricultores. Sem gente preparada, treinada e motivada, não se constrói nada: nem uma empresa, nem um setor, nem uma nação.

Com todas essas características, a contribuição do agronegócio para a socioeconomia nacional tem sido relevante, seja na sua participação junto ao Produto Interno Bruto (PIB), seja na geração de empregos, seja na balança comercial, como mostra o Quadro 7.

Quadro 7 – A importância do agronegócio para a economia brasileira

23,5% (BRL 1,47 tri)	**PIB do Agronegócio** (2016)		
Insumos **12%**	Agropecuária **30%**	Agroindústria **27%**	Distribuição **31%**
20% Empregos (2017)		**44%** (USD 96 bi) Exportações (2017)	

Fontes: Cepea/USP, CNA, Ipea, Mapa e MDIC.

Note-se que a maior parte do PIB do agronegócio se concentra no "depois da porteira" (industrialização e distribuição), dado característico de países agricolamente desenvolvidos.

Embora o valor percentual das exportações do agro no ano passado tenha ficado em 44% do total exportado, o Quadro 8, a seguir, mostra que o saldo comercial do setor é responsável pelo saldo brasileiro ser positivo há muitos anos, e assim deve continuar ainda por um bom tempo.

Quadro 8 – Desempenho do comércio exterior brasileiro (US$ bilhões)

Fontes: Mapa e MDIC.

Curiosidade referente às exportações se observa pelo Quadro 9 adiante, que mostra o espetacular crescimento da presença global do agro desde o ano 2000, apesar da forte crise financeira que varreu o mundo entre 2008 e 2010, quando o comércio mundial refluiu. Pois o agronegócio brasileiro praticamente quintuplicou suas expectações.

Quadro 9 – Exportações do Agronegócio – Produtos

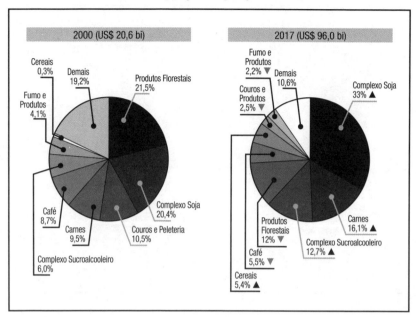

Fonte: Mapa, Agrostat.

Esses números implicam outra análise: no mesmo período, as exportações relativas para Estados Unidos e União Europeia caíram bastante, embora tenham também crescido em termos absolutos. E isso se explica pelo aumento relativo das exportações para China, Ásia sem China, e até África, onde os países emergentes apresentam maior aumento das populações e de sua renda *per capita*, o que aumenta sua demanda por alimentos, como mostra o Quadro 10.

Quadro 10 – Exportações do agronegócio – Destinos

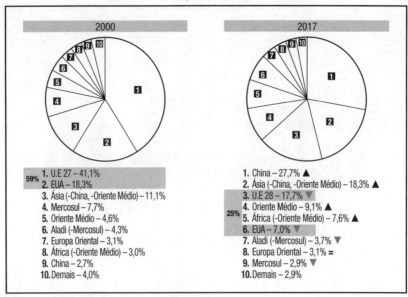

Fonte: Mapa, Agrostat.

Seja como for, o Brasil já se apresenta globalmente como um grande *player* no comércio agrícola, com destaque em algumas culturas, como se vê adiante no Quadro 11.

Quadro 11 – Liderança do Brasil no ranking mundial 2016/17

	PRODUÇÃO			EXPORTAÇÃO		
	% total global	06/07	16/17	% total global	06/07	16/17
Suco de laranja	62%	1º	1º	79%	1º	1º
Café	36%	1º	1º	27%	1º	1º
Soja	32%	2º	2º	43%	2º	1º
Açúcar	21%	1º	1º	45%	1º	1º
Carne bovina	15%	2º	2º	18%	1º	2º
Carne de frango	15%	3º	2º	36%	1º	1º
Milho	9%	3º	3º	22%	3º	2º
Carne suína	3%	4º	4º	10%	4º	4º

Fonte: USDA.

Pena que são poucos os produtos em que temos destaque, e muito pode ser feito para incorporar diversos em que ainda não temos expressão mundial, como é o caso de frutas e flores, de pescado, de lácteos, de raízes e tubérculos, de orgânicos e outros, inclusive industrializados.

Mas, conhecidos os dados até aqui elencados, ficam duas perguntas.

A primeira é se o Brasil tem condições de atender à demanda colocada pelo estudo da USDA de aumentar a sua produção de alimentos em 41% em 10 anos.

E a segunda é se vamos atender a ela. Seremos campeões mundiais da segurança alimentar e da paz nesse tempo disponível?

A resposta à primeira pergunta é positiva. Sem dúvida temos as condições necessárias para isso. Trabalhos recentes organizados pelo Mapa e pelo Deagro da Fiesp mostram essa possibilidade real, como se vê pelo Quadro 12.

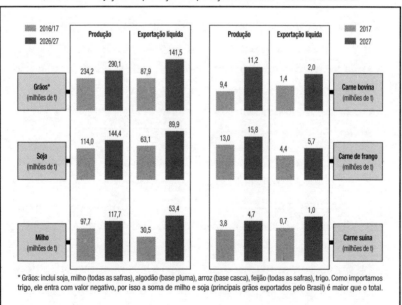

Quadro 12 – Projeções de produção e exportações brasileiras – 2016/17 a 2026/27

* Grãos: inclui soja, milho (todas as safras), algodão (base pluma), arroz (base casca), feijão (todas as safras), trigo. Como importamos trigo, ele entra com valor negativo, por isso a soma de milho e soja (principais grãos exportados pelo Brasil) é maior que o total.

Fonte: Outlook Fiesp 2027.

A segunda pergunta tem resposta mais complexa e fica no condicional: se tivermos uma estratégia bem articulada, com políticas públicas adequadas e somadas a compromisso explícito do setor privado, sim. Mas sem isso, não.

E aqui vale reiterar que muitas políticas públicas ao longo dos anos passados tiveram papel preponderante para o sucesso aqui demostrado, tanto no que diz respeito a ações do Executivo quanto do Legislativo, ambos em nível federal. Foi assim com o aumento de recursos mais baratos para o crédito rural, notadamente para investimentos (caso do Moderfrota, que permitiu renovar toda a sucateada frota de máquinas e equipamentos que tínhamos nos anos 1990), seja com o apoio às cooperativas de crédito e a criação de novos papéis para comercialização; seja nas discussões da rodada de Doha da OMC; seja na modernização de várias legislações obsoletas, como o próprio Código Florestal e a Lei de Biossegurança, a dos Orgânicos e o notável avanço na legislação trabalhista, entre muitos outros.

Portanto, temos condições de conseguir o almejado título de campeão mundial da paz, mas precisamos organizar a estratégia para isso.

Considerando o que foi exposto até aqui, podem ser elencados diversos segmentos das cadeias produtivas que demandam investimentos, inclusive externos, para os quais, evidentemente, o país tem que oferecer a indispensável segurança jurídica.

1. *Logística e infraestrutura.* Esse talvez seja nosso maior calcanhar de Aquiles. Já existem dezenas de excelentes estudos mostrando onde investir em ferrovias, rodovias, portos, hidrovias, armazéns, comunicação etc. Porém, faltam recursos oficiais suficientes e não há horizontes de curto prazo indicando mudança desse cenário. Os investimentos devem sair de parcerias público-privadas, considerando a prioridade para as estruturas por onde passarem os maiores volumes de cargas. As recentes privatizações de algumas rodovias estaduais mostram o bom retorno para quem investir nesse item.

2. *Tecnologia*. Embora tenhamos excelentes recursos humanos e instituições de Pesquisa e Desenvolvimento (P&D) no Brasil, também falta dinheiro para implementar os saltos de produtividade lastreados em produção sustentável. Há espaço para a criação de novas variedades de plantas e também de aperfeiçoamento das técnicas de cultivo e manejo. No setor de TI e de conectividade há grande espaço para investimentos. Também no segmento das energias renováveis estão oportunidades muito interessantes, mormente com a chegada do RenovaBio (Política Nacional de Biocombustíveis). Por fim, vale referir a necessidade de investimentos na produção de máquinas e equipamentos de última geração, bem como de novos agroquímicos, tanto em defensivos agrícolas quanto em novas fórmulas de fertilizantes. Nesse ponto, avulta a necessidade de desburocratizar e agilizar os registros de novas moléculas de agroquímicos. Um problema bastante tratado nas cadeias produtivas do agro é o desperdício, além das perdas na colheita, transporte e armazenagem. Precisamos de investimentos para reduzir esse prejuízo incalculável.
3. *Mecanismos de renda*. Há uma tendência de redução dos recursos para crédito rural como conhecemos no Brasil, abrindo espaços para novos modelos de financiamento à produção, com possíveis parcerias com o cooperativismo de crédito. Também no seguro agropecuário está um grande tema a solucionar: embora a lei criadora do seguro no país seja de 2003, não chega a 10% a área cultivada por ele coberta. É muito pouco, e investimentos em seguro podem ser muito interessantes.
4. *Indústrias de transformação*. Eis um campo em grande expansão e que oferece poucos riscos ao investidor sério. A preocupação com a segurança de alimentos (ou seja, com as garantias de sua qualidade, desde as etapas de preparo até a sua comercialização) é tão grande quanto com a segurança alimentar (implantação de políticas públicas que garantam o direito universal ao acesso

nutricional apropriado qualitativa e quantitativamente), e consumidores do mundo todo estão atentos a esse capítulo. Modernização de equipamentos industriais e instalação de projetos que agreguem valor às matérias-primas são essenciais.
5. *Comércio.* Embora tenhamos uma bolsa funcionando a pleno vapor no país, é importante dar maior visibilidade aos novos papéis de comercialização interna que já representam atualmente um relevante volume de recursos que podem aumentar a oferta de crédito rural. Também a discussão de acordos internacionais que consolidem mercados conhecidos e conquistem novos passa a ser um tema crucial para o futuro do acesso de produtos brasileiros em outros países. Aqui cresce a demanda por acordos bilaterais ou multilaterais, como o que se negocia há anos entre a União Europeia e o Mercosul. Investimentos estrangeiros na produção agrícola e agroindustrial aumentarão o interesse nesse trabalho.
6. *Energia renovável.* Tão importante quanto a segurança alimentar para o mundo é a segurança energética. A recente crise econômica interna acabou inibindo o consumo de energia, mas um salto na economia vai criar uma demanda que exigirá investimentos grandes nesse tema. A agroenergia terá avanços com o RenovaBio, mas a energia elétrica derivada de hidrelétricas e de outras fontes renováveis também deve ser implementada.
7. *Defesa sanitária.* Como foi já explicitado, a produção e uso de agroquímicos cada vez menos agressivos ao meio ambiente depende muito da desburocratização e flexibilização de serviços públicos. Mas o investimento em novas unidades industriais é igualmente uma necessidade inadiável.
8. *Recursos humanos.* Neste quesito temos obtido avanços interessantes, como foi visto. Mas também se sabe que não se constrói nada sem gente preparada, e há um bom espaço, sobretudo na formação de técnicos de nível médio, que demanda investimentos amplos, em especial para jovens que atuem no tema gestão.

9. *Instituições*. A modernização rural passa pela modernização das instituições que atendem ao campo, desde as de ensino, pesquisa e extensão, até as de crédito e seguros, passando pelas representações dos diversos segmentos das cadeias produtivas. Consultorias independentes com experiência em reformas de estruturas e estratégias seriam bem-vindas.
10. *Comunicação*. Há aqui uma questão essencial. Os produtores brasileiros têm grande orgulho dos avanços experimentados nos últimos anos, inclusive na conquista de mercados nos quatro cantos do mundo. Mas esse orgulho ainda não é compartilhado com os cidadãos urbanos. E sem esses últimos, o campo não teria conseguido chegar onde chegou. Por quê? Porque a indústria de máquinas, equipamentos e implementos é urbana. Urbanos são os bancos e seguradoras, assim como as empresas de tecnologias e as produtoras de insumos agrícolas. São urbanas as indústrias de transformação e de alimentos, as de embalagem e a distribuição. Propaganda e marketing são feitas por empresas urbanas, assim como o comércio. As construtoras e empreiteiras que montarão a infraestrutura são urbanas. Enfim, o sucesso do campo deve ser compartilhado pelas cidades: ambos estão indissoluvelmente ligados. Por isso precisamos investir em comunicação, para que todos os brasileiros tenham orgulho do seu trabalho que deu origem às conquistas do agro pelo mundo afora.

Em resumo, o agro brasileiro tem todas as condições necessárias para assumir a liderança mundial de segurança alimentar e da agroenergia. Porém, não tem as condições suficientes, e essas viriam através da formulação de uma estratégia completa e de investimentos nos temas alinhavados e em muitos outros de menor extração.

Para tanto, é imperioso que o novo governo a ser eleito em 2018 tenha clareza dessa realidade e, principalmente, tenha vontade política para montar o indispensável projeto nacional de ser o campeão mundial da paz.

Fabio Feldmann

Consultor, administrador de empresas e advogado

Meio ambiente

Desde a primeira campanha presidencial no Brasil democrático, temos participado da elaboração de plataformas eleitorais para os candidatos. Em 1989, em conjunto com a Fundação SOS Mata Atlântica, elaboramos uma relação de temas que foram apresentados a todos os candidatos com o objetivo de firmar compromissos políticos com a temática ambiental e de sustentabilidade.

Essa primeira experiência revelou que, quando todos assumem igualmente compromissos, a plataforma deixa a desejar no que tange a assinalar diferenças significativas entre eles, tornando esse esforço de pequena utilidade para orientar o conjunto do eleitorado preocupado com essas temáticas.

Nas eleições subsequentes houve um esforço no sentido de um detalhamento maior dos temas, com uma participação mais ativa da sociedade civil, ainda que tenha havido uma pulverização de propostas com diferentes abordagens.

Entendemos que nesse momento seja mais conveniente se ofertar aos candidatos propostas com conteúdo mais operacional, levando em consideração, basicamente, os 30 anos de vigência da Constituição Federal de 1988. Ou seja, a experiência acumulada nesse período demonstra, cabalmente, que um dos principais temas deve ser a discussão do pacto federativo e do Sistema Nacional do Meio Ambiente (Sisnama), bem como instrumentos econômicos que viabilizem a implementação de políticas públicas e que tenham capacidade de influenciar o comportamento dos diversos atores da sociedade.

Salientamos que essas propostas não são especialmente carismáticas a ponto de atrair, de maneira geral, a opinião pública. Mas são indispensáveis para o avanço efetivo do desenvolvimento sustentável no Brasil.

O marco criador do Sisnama se encontra, basicamente, na Política Nacional do Meio Ambiente, instituída em 1981, ainda no regime militar. Essa legislação fixou as linhas gerais da política ambiental brasileira, mas teve a sua implementação iniciada, de fato, em 1986, com a instalação do Conselho Nacional do Meio Ambiente (Conama). Este, por sua vez, com altos e baixos, tem funcionado medianamente de acordo com as expectativas, devendo se assinalar que, no exercício de seu "poder de legislar", editou algumas normas fundamentais, tais como a obrigatoriedade do estudo de impacto ambiental e um dos mais bem-sucedidos programas de controle de poluição do ar, o Programa de Controle de Poluição do Ar por Veículos Automotores (Proconve).

Uma das grandes discussões relativas ao Conama diz respeito à eficácia legal de suas resoluções, de modo que algumas iniciativas no Congresso Nacional questionam, exatamente, a legalidade e constitucionalidade delas. Decorre desse questionamento a necessidade de um compromisso político das candidaturas com a manutenção do Conama em termos de seu "poder de legislar", sendo que este compromisso deve se manifestar junto à base parlamentar do eventual presidente da República e também junto à Advocacia-Geral da União (AGU) e outras instâncias constitucionais. É bom que se diga que isso não significa que o próprio funcionamento do Conama e a sua composição não devam ser modificados no sentido de lhe conferir maior legitimidade e eficiência.

Dentro dessa mesma linha de raciocínio, é imperioso discutir o financiamento dos órgãos integrantes do Conama, a exemplo do que ocorre com o Sistema Único de Saúde (SUS). Trocando em miúdos, temos assistido a um movimento no sentido de delegação de atribuições por parte da União aos Órgãos Estaduais de Meio Ambiente (Oemas), sem que estes estejam preparados para o recebimento das novas tarefas. Tal movimento está amparado na Lei Complementar 140, que, a nosso ver, agravou as dificuldades no fortalecimento do Sisnama. Com a crise fiscal dos estados e municípios, aliás, é improvável que os mesmos estejam em condições de fortalecer suas instituições, que hoje já funcionam em um grau inquestionável de precariedade.

O melhor exemplo desse movimento é a transferência da responsabilidade da gestão de fauna aos estados, sendo que esses não possuem aparato institucional e condições mínimas para fazer frente a essa nova atribuição. São Paulo, o estado mais rico da federação e com as instituições mais preparadas para a implementação de políticas ambientais, a exemplo da Companhia Ambiental do Estado de São Paulo (Cetesb) e da Fundação Florestal/Instituto Florestal, e com a Polícia Militar Ambiental mais bem equipada em recursos materiais e humanos, tem assistido a uma grande expansão de caça predatória e ilegal em seu território. Com certeza, outros estados, institucionalmente mais frágeis, devem viver uma situação ainda pior.

O recrudescimento dessa vulnerabilidade institucional certamente tem impacto sobre a nossa biodiversidade, sendo a onça-pintada o melhor exemplo, por se tratar de uma espécie do topo da pirâmide ecológica.

De acordo com dados do Centro Nacional de Pesquisa e Conservação de Mamíferos Carnívoros (Cenap/ICMBio), nos últimos 27 anos houve uma perda de 30% das onças-pintadas de maneira geral. No Parque Nacional do Iguaçu, uma das mais bem organizadas Unidades de Conservação (UC) do Brasil, segundo censo realizado em 1990, lá existiam entre 64 e 134 animais. Hoje, esse número está reduzido de 6 a 12. Caso nada seja feito, a onça-pintada pode desaparecer da região e, consequentemente, todo aquele hábitat. Desaparecendo a floresta, eventualmente as Cataratas terão o seu volume de água diminuído. Vale lembrar que as onças-pintadas do Parque Nacional do Iguaçu representam a última população selvagem dessa espécie do sul do continente sul-americano.

Outros exemplos podem ser dados em diferentes campos: poucos estados têm capacidade de monitorar a poluição do ar de suas grandes cidades ou mesmo a balneabilidade de suas praias. A maior parte da população brasileira, hoje concentrada nos centros urbanos, está exposta a inacreditáveis riscos à saúde, corroborados por inúmeros estudos recentes. Um deles, publicado em outubro de 2017 na renomada revista *The Lancet,* traz dados alarmantes. Nove milhões de pessoas morreram, em 2015, no mundo devido à poluição ambiental: a poluição do ar foi responsável por 6,5 milhões de mortes, seguida da poluição da água, que matou aproximadamente 1,8 milhão de pessoas.

Como é sabido, a região metropolitana de São Paulo apresenta graves problemas de poluição do ar, mas pelo menos possui um sistema confiável de monitoramento instalado pela Cetesb. O que dizer das outras regiões metropolitanas?

Outro exemplo ilustrativo é a péssima balneabilidade das praias brasileiras. A inexistência de coleta e tratamento de esgotos domésticos demonstra a necessidade de uma política agressiva nacional de produção de informação sobre a condição ambiental de nossos ambientes urbanos ou semiurbanos. Assinalamos esse ponto pelo fato de que a deliberada falta de informação ao público atende, muitas vezes, aos interesses locais. Apenas alguns estados divulgam com regularidade seus indicadores e, mesmo assim, com metodologias altamente questionáveis por induzirem o público a entendimentos de que as praias estão próprias para uso, quando a realidade demonstra exatamente o contrário.

Do dito anteriormente, entendemos que uma das tarefas cruciais do futuro presidente da República será a de fortalecer o Sisnama, associando a designação de atribuições à financiamento, eventualmente, nos moldes do SUS. Bem como assumir a incumbência de produzir informações indispensáveis ao pleno exercício da cidadania ambiental nos termos do Princípio 10 da Declaração do Rio.

Preliminarmente, sugerimos que o Brasil pense na edição de um novo Programa Nacional do Meio Ambiente (PNMA), a exemplo do que foi feito na década de 1990, com o objetivo de redesenhar o Sisnama, mas incluindo em suas atividades um papel protagonista da União em termos de capacitação e financiamento dos Oemas e seus correspondentes municipais e/ou metropolitanos.

O novo Programa deveria sugerir critérios legais de diferenciação entre estados e municípios, pois o que ocorre atualmente é o estabelecimento de comandos legais dirigidos ao conjunto de estados e municípios, independentemente de suas peculiaridades. Ou seja, a legislação, de maneira geral, ao estabelecer obrigações, não distingue o município de São Paulo de seu vizinho Embu-Guaçu, sendo que o primeiro representa um dos maiores orçamentos do país, com grande participação no PIB, ao passo que Embu-Guaçu possui pouco mais de 60 mil habitantes. Essa proposta de diferenciação poderia ser um embrião para uma lei de responsabilidade socioambiental.

Além disso, a exemplo do ICMS ecológico existente em vários estados, poderia se ampliar a participação dos estados e municípios em fundos constitucionais desde que apresentassem bons indicadores de sustentabilidade.

Poder-se-ia incluir também nesse Programa financiamento e capacitação da sociedade civil, academia e órgãos de imprensa especializados.

Para tanto, existem muitas linhas internacionais de financiamento que poderiam ser utilizadas, garantindo uma longevidade mínima e continuidade nos sucessivos governos. Com isso, o Brasil poderia, em um período de 8 a 10 anos, elevar a sua capacidade institucional de enfrentar os desafios ambientais e da implementação do desenvolvimento sustentável.

Outro tema muito debatido hoje pela sociedade no que se refere ao meio ambiente diz respeito ao licenciamento ambiental. Este tem sido alvo de severas críticas por parte do setor empresarial e apontado como um dos grandes entraves à implantação de infraestrutura no Brasil. Em primeiro lugar, há que se dizer que é necessária a promoção de mudanças em todo o processo administrativo do licenciamento no sentido de evitar exigências cartoriais e burocráticas. Por outro lado, muitas das críticas vendem a ilusão de que é possível se pensar no licenciamento ambiental como uma mera decisão monocrática e de natureza essencialmente técnica, esquecendo que o grande mérito do licenciamento no Brasil e no mundo é a garantia da participação social. Esta, além de ser uma exigência de caráter universal, confere aos empreendimentos licenciados maior segurança jurídica, evitando, potencialmente, a judicialização, que hoje está presente na maioria dos grandes empreendimentos.

Em relação a esse assunto, tramitam projetos na Câmara dos Deputados há décadas, sendo que essa discussão no Parlamento sofre da polarização indesejável entre poder público, sociedade civil e Ministério Público de um lado, e ruralistas e alguns setores empresariais de outro.

Pela complexidade da matéria, sugerimos que a presidência da República promova a institucionalização de uma comissão especial para tratar dessa matéria, com prazo máximo de seis meses, com o propósito de estudar com objetividade a prática do licenciamento no Brasil. Grande parte dos problemas reside na fragilidade institucional dos Oemas e dos órgãos municipais, que são responsáveis por mais de 90% das licenças ambientais concedidas no país. E o mais importante é que se procure engajar o Ministério Público em todas as etapas do licenciamento.

O Brasil tem suas políticas ambientais hegemonicamente baseadas no modelo "comando e controle". Utilizamos pouquíssimos instrumentos econômicos e financeiros que estimulem comportamentos, ainda que haja previsão constitucional de diferenciação de tributação decorrente do impacto ambiental de bens e serviços.

Levando em consideração a dimensão continental do país e o agravamento da crise fiscal dos entes federativos, torna-se absolutamente indispensável que, na reforma tributária, se contemple claramente a previsão de que a instituição de tributos incorpore a dimensão ambiental. Bens e serviços mais eficientes e sustentáveis devem ser menos tributados, de modo a competirem com similares despidos desses atributos. Com isso, a economia brasileira como um todo poderá ganhar competitividade nos mercados internacionais e, na esfera do mercado "sustentável" doméstico, o consumidor será estimulado a adotar critérios ambientais, sociais e de sustentabilidade.

Consideramos o pagamento por serviços ambientais (PSA) um bom exemplo de uso de instrumento econômico já praticado no mundo e em alguns estados brasileiros. Infelizmente, não se conseguiu ainda no Congresso Nacional a aprovação de uma lei específica sobre este tema tão estratégico, em que pese a existência de dezenas de projetos de lei em tramitação. O reconhecimento da importância dos serviços ambientais como polinização, produção de água, controle do clima, estabilização de encostas, sequestro de carbono, dentre outros, e a respectiva valoração desses serviços em termos monetários podem significar uma mudança radical no modo como a sociedade se relaciona com a biodiversidade, a mudança do clima, o uso dos recursos hídricos. Novos mercados podem ser criados e, com isso, o Poder Público poderia contar com um aliado importante em suas políticas relacionadas a esses temas.

Nessa mesma linha de raciocínio, utilizamos muito pouco o poder de compra governamental (licitação sustentável) como um instrumento essencial para estimular esse mercado doméstico. Apenas a título de esclarecimento, estima-se que as compras governamentais equivalem a cerca de 10% do PIB do Brasil, valendo assinalar que o governo federal poderá assumir um protagonismo importante na elaboração de um cadastro nacional de bens e serviços, amparado em análises de ciclo de vida de produto. Garantindo, com isso, critérios sólidos e objetivos para a implementação de uma tributação ambiental e mesmo uma política governamental de licitação sustentável, uma vez que já existem normativas consolidadas que cuidam de todas as fases do produto, desde a extração de matéria-prima até o seu descarte.

Para elaboração desse cadastro, o governo federal poderia se associar a grandes empresas, governos estaduais e municipais com significativo poder de compra, eis que muitos desses atores já adotam práticas de compras sustentáveis.

É imperioso o estabelecimento de uma agenda de desenvolvimento sustentável com ênfase em atividades econômicas que associem políticas de inclusão social, geração de renda e estimulem o desenvolvimento regional. Mais especificamente, o Brasil precisa repensar o modelo de gestão de suas UCs, estimulando o turismo sustentável no qual as mesmas se tornem ativos estratégicos. Vale ressaltar que as UCs podem gerar receitas econômicas, postos de trabalho e estimular o desenvolvimento regional. Estimativas mostram que o Brasil poderia gerar uma receita de R$ 168 bilhões em 10 anos, o equivalente ao PIB de Santa Catarina, caso criasse uma estruturação mínima de acesso aos seus parques.

Em que pese o fato de que há muitos anos se mencione a possibilidade de concessão de atividades associadas às UCs, infelizmente os dados brasileiros de visitação são medíocres, sendo que algumas regiões brasileiras poderiam se inspirar no modelo de turismo da Costa Rica.

Outro desafio relevante para o próximo governo trata da regulamentação do parágrafo 4º do artigo 225 da Constituição Federal. Este definiu como patrimônio nacional: a Floresta Amazônica, a Mata Atlântica, a Serra do Mar, o Pantanal Mato-Grossense e a Zona Costeira. Infelizmente, até o momento, o único desses patrimônios que foi regulamentado por legislação específica foi a Mata Atlântica, sendo que os demais estão pendentes de uma legislação.

Com o desenvolvimento tecnológico atual, tornou-se viável que essas novas legislações possam ser elaboradas com uma abordagem holística, que leve em consideração vários aspectos, como tipo de vegetação, solo, topografia, existência de cursos d'água, fauna etc. Com isso, poderiam ser dissipadas muitas das tensões evidenciadas no debate do atual Código Florestal, permitindo-se que a legislação oriente o planejamento territorial e de desenvolvimento regional.

No caso da Serra do Mar, com a intensificação dos efeitos do aquecimento global e, consequentemente, o aumento dos desastres naturais, torna-se fundamental a elaboração de uma legislação nacional que controle efetivamente a ocupação de suas encostas, dada a instabilidade geológica inerente a esse patrimônio. Como é sabido, há uma tendência irreversível de aumento dos escorregamentos com prejuízos em vidas humanas e patrimoniais.

Dados os altos índices de degradação do cerrado e da caatinga, e o reconhecimento da importância dos pampas nas últimas décadas, seria fundamental que esses biomas também fossem contemplados com legislação específica, com o objetivo de garantir a sua conservação.

Outro tema que está ganhando importância e que merece atenção especial é o da conservação dos solos. Na comunidade internacional, o tema é tratado no âmbito das Convenções de Biodiversidade, da Mudança do Clima e de Desertificação. Mas, no Brasil, ainda que seja vital e estratégico para o futuro da nossa agricultura, pouca atenção tem sido dada ao assunto. Recentemente, o Tribunal de Contas da União (TCU) realizou um evento sobre a matéria e apontou a necessidade de uma legislação especial, bem como constatou uma série de problemas com as informações sobre solos no país. Esse foi o "ponta pé" na idealização de um programa inédito e de grandes proporções no Brasil, liderado pela Embrapa e divulgado, em 2017, o PronaSolos, que pretende mapear o território brasileiro e gerar dados com diferentes graus de detalhamento para subsidiar políticas públicas, auxiliar a gestão territorial, embasar a agricultura de precisão, dentre outros.

Um bom cuidado e atenção aos solos brasileiros poderiam gerar uma agenda de consenso entre ambientalistas e agricultores de maneira geral, diminuindo a polarização hoje existente entre atores tão importantes do desenvolvimento sustentável.

Não menos importante é a questão das espécies invasoras. Estudos recentes, nacionais e internacionais, demonstram que uma das principais ameaças à biodiversidade é o avanço dessas espécies, comprometendo a saúde dos ecossistemas de maneira geral. No caso do Brasil, a invasão do mexilhão-dourado tem comprometido de forma acentuada as nossas hidrelétricas. Na agricultura, assistimos também ao surgimento de espécies que ameaçam algumas culturas importantes como a soja. Desse modo, torna-se necessária a elaboração de uma legislação específica sobre o controle de espécies invasoras, a exemplo do que já ocorre em muitos países.

Há que se mencionar também como absolutamente prioritário a implantação da Contribuição Nacional Determinada (NDC) brasileira. Entendemos que se torna necessário o estabelecimento de um modelo novo de governança climática no país, que permita um bom diálogo entre os entes federativos, uma vez que há uma pulverização de atribuições. Os desafios não são triviais e o país deve estar atento às iniciativas em curso no exterior, a exemplo do recém-criado "mercado de carbono da China", que sinaliza uma tendência irreversível de precificação do carbono.

Hoje já existe a discussão de incorporação nas próximas etapas do Proconve de estabelecimento de padrões de emissão de gases efeito estufa (GEE), valendo lembrar que o uso de licitação sustentável e taxação ambiental pode ser muito importante para que o Brasil promova a transição para uma economia de baixo carbono. Mais uma vez, é necessária a liderança do governo federal, mesmo em temas que convencionalmente não estão no radar de suas atenções, exercendo uma espécie de *soft power*. Um exemplo seria o governo federal, através de suas entidades, promover um modelo de código de obras sustentável, que determine requisitos de eficiência energética, uso de iluminação artificial, estímulo a telhados verdes, entre outros. Com isso, municípios com pouca capacidade técnica poderiam se aproveitar deste modelo para implementação de suas próprias políticas municipais de mudança do clima.

Outra questão que vale ser abordada: neste ano se completam 20 anos da Lei de Crimes Ambientais, (Lei n. 9.605/1998). Se de um lado é inegável que ela trouxe importante contribuição ao combate de práticas criminosas ambientais, por outro lado é necessário que a questão ganhe uma abordagem diferente. Como se vê diariamente nos noticiários, o desmatamento dos biomas brasileiros – especialmente a Amazônia e o cerrado – é organizado de modo sistemático e com uso de inteligência, que permite aos desmatadores se prevenirem em relação à atuação do Ibama e dos demais órgãos ambientais. O tráfico de animais silvestres movimenta um mercado bilionário: segundo dados do 1º Relatório Nacional sobre o Tráfico de Fauna Silvestre, elaborado pela RENCTAS, o comércio ilegal movimenta no Brasil algo em torno de US$ 1 bilhão por ano. No mundo já se discute a pesca internacional como desdobramento do crime organizado.

Desse modo, torna-se absolutamente necessária a criação de iniciativas nos moldes da Operação Lava Jato, que possa articular a ação da Polícia Federal, Ministério Público Federal e o próprio Judiciário, com o claro objetivo de cassar a impunidade desses criminosos. No âmbito dos estados, também seria recomendável que houvesse uma atenção especial às práticas delituosas realizadas pelo crime organizado, valendo ressaltar que hoje o Primeiro Comando da Capital (PCC) tem papel relevante na ocupação dos mananciais paulistas, notadamente na região metropolitana de São Paulo. Há relatos recentes de que esse fenômeno também ocorre no Rio de Janeiro e no Amazonas.

Por fim, o setor empresarial brasileiro, de uns anos para cá, tem incorporado em seus discursos e práticas a denominada sustentabilidade empresarial. Exemplos como o Índice de Sustentabilidade Empresarial (ISE – BM&F Bovespa), instituído, em 2005, e o Dow Jones Sustainability Index (DJSI) são importantes e continuam sendo aperfeiçoados até mesmo pelo acidente da Samarco e pela polêmica questão do diesel da Petrobras.

Entretanto, há muito que se avançar no Brasil, sendo que uma definição legal e clara do que são considerados passivos ambientais poderia trazer grandes benefícios para soluções permanentes. Nesse sentido, sugerimos que a Comissão de Valores Mobiliários (CVM) siga o exemplo da Securities Exchange Comission (SEC) no sentido de exigir que as empresas de capital aberto relatem os seus passivos, dando aos investidores acesso a informações imprescindíveis para escolha de seus investimentos. O poder público, por sua vez, poderia estabelecer linhas especiais de financiamento para garantir os desembolsos necessários à solução dos passivos. Hoje, a Lei dos Crimes Ambientais torna obrigatória a comunicação aos órgãos públicos da existência desses passivos, o que na prática desestimula iniciativas voluntárias de sua detecção.

Procuramos, de modo não rigorosamente sistematizado, relacionar elementos essenciais a serem abordados nas próximas eleições, provocando os candidatos a conhecerem e se manifestarem sobre essas questões. Eleições são momentos imperdíveis para que a sociedade pactue compromissos entre os governantes e o conjunto do eleitorado. No caso dos temas abordados, compromissos que dizem respeito a futuros eleitores, que hoje não são participantes do pleito eleitoral.

Milton Leite
Narrador esportivo do Grupo Globo

Esporte

Quem nunca se emocionou ao ver um atleta brasileiro no pódio dos Jogos Olímpicos, recebendo uma medalha de ouro e fazendo tocar o Hino Nacional? Ou não saiu às ruas euforicamente para comemorar uma vitória da seleção de futebol na Copa do Mundo? O retrato do Brasil no esporte é assim: uma minoria pratica, recebe os investimentos e a grande maioria, aqueles que recolhem impostos para custear tudo isso, fica sentada no sofá.

Esporte no Brasil tem sido sinônimo de competição, de alto rendimento, principalmente depois que esta indústria passou a movimentar bilhões de dólares em todo planeta, chamando a atenção da mídia, que se encarrega de transformar em heróis os campeões que desafiam o tempo, a altura, a distância. Quase como consequência, ao lado dos heróis, nas fotos, estão os governantes, os políticos, em autopromoção explícita. O ciclo se completa com os investimentos preferenciais do

Estado no alto rendimento, na tentativa de criar novos heróis que rendam dividendos para a próxima eleição.

Isso explica, em parte, por que nas últimas décadas os diversos governos aplicaram quase todos os recursos em competições e muito pouco em programas de atividade física para a população – o que se acentuou nos anos que antecederam à realização dos Jogos Olímpicos no Rio de Janeiro, em 2016. Patrocínios diretos de empresas estatais, leis de incentivo (renúncia fiscal) e dinheiro de loterias, além de iniciativas para manutenção de atletas e técnicos. Não bastasse a aplicação de recursos maciçamente no alto rendimento, os casos de má gestão, desvios ilícitos e desaparecimento de dinheiro tornam ainda pior o quadro. Não foram poucos os dirigentes de confederações esportivas e do próprio presidente do Comitê Olímpico Brasileiro a serem presos nos últimos anos.

Parece claro que a falta de uma política esportiva permite aos governantes agirem de acordo com interesses próprios e não com a necessidade de usar o esporte como instrumento de inclusão, saúde e educação. Há estudos que comprovam como disseminar a prática esportiva pode ser benéfico para evitar gastos em outras áreas.

De acordo com o levantamento feito pelo Programa das Nações Unidas para o Desenvolvimento (PNUD) divulgado em 2017, 15% dos custos do Sistema Único de Saúde (SUS) com internações em 2013 são atribuídos à inatividade física. Mais grave: 5% das mortes prematuras no país são decorrentes da falta da prática de esportes. Não é difícil depreender desses números o que o país perde em recursos, força de trabalho e investimento em outras áreas apenas porque a maior parte da população não se movimenta.

No mesmo levantamento das Nações Unidas, há a informação de que a cada dez brasileiros em idade adulta apenas três praticam atividade física regularmente. Os homens dedicam 28% mais tempo que as mulheres aos exercícios.

"Ser homem, jovem, branco, sem deficiência e de alto nível socioeconômico significa praticar muito mais atividades físicas e esportivas", segundo Niky Fabiancic, coordenador-residente do PNUD.[1] O estudo da ONU no Brasil constatou que, entre as pessoas que ganham mais de cinco salários-mínimos, registra-se 71% a mais de prática esportiva do que a média das faixas de salários mais baixos. Entre as pessoas com nenhum grau de instrução, a prática é 54% menor do que entre os que estudaram mais.

Na opinião de Márcio Atalla, professor de educação física especializado em alto rendimento, em depoimento à Agência Brasil, da Empresa Brasil de Comunicação,

> Esse não é um problema exclusivamente do Brasil, em que as pessoas estão cada vez mais sedentárias. A origem do problema é o ser humano, que é um poupador. Se buscarmos na história, o ser humano sempre se movimentou porque o meio ambiente exigia. Até o fim da década de 1980, as pessoas tinham uma quantidade maior de movimento por viver sem celular, computador, com poucas escadas rolantes, muito pouco controle remoto. Com muita tecnologia, as pessoas passam a não se movimentar. No automático, por ser poupador, o ser humano não vai se movimentar.[2]

Ou seja, é necessário que programas e estruturas estatais sejam mecanismos de incentivo para que as pessoas tenham atividade física. Esporte vai muito além das competições que vemos na televisão; é mecanismo de educação, inclusão e saúde. Porque não basta, como todos os governos acreditaram até aqui, ter atletas e equipes vitoriosas incentivando a população a praticar esportes – essa é uma verdade apenas para uma pequena parcela.

"O Brasil engatinha na democratização da prática esportiva" foi uma das conclusões do Programa das Nações Unidas para o Desenvolvimento.[3]

POLÍTICA ESPORTIVA

Está claro que um governo que efetivamente pretenda estimular a população à atividade física precisa definir uma Política Esportiva, e, nesta proposta, o que se pretende é inverter a lógica que o Brasil vem adotando. O esporte de alto rendimento não deve ser a prioridade na aplicação de recursos ou na criação de programas por parte do Estado, embora vá se beneficiar da massificação da atividade numa população de mais de 200 milhões de habitantes. Quanto mais gente praticar esporte, maior será o grupo de onde se poderá escolher os atletas para o alto rendimento e as competições. Para isso, serão necessárias duas vertentes a nortear os programas que o governo venha a adotar: prática de atividade física para toda a população e formação esportiva para as crianças, utilizando a estrutura escolar como base.

Um plano dessa envergadura precisará de alguns anos para se solidificar e, portanto, deverá ter a garantia de que será aplicado e terá os recursos necessários independentemente do governante do momento. Daí a necessidade do engajamento do Congresso Nacional para transformar projetos em leis, além do conjunto dos governos estaduais e das prefeituras, cujas iniciativas e investimentos deverão seguir a mesma linha de ação.

Basta um levantamento do que foi gasto pelo Estado no esporte nas últimas duas décadas, principalmente, para se constatar que o problema não está na falta de recursos. Mas, sim, na gestão (ou má gestão) e naquilo que se escolhe como prioridade. Para se ter uma ideia, no ciclo entre os Jogos Olímpicos de 2012 (Londres) e os de 2016 (Rio), somente os patrocínios de sete companhias estatais injetaram R$ 1,86 bilhão em 20 modalidades. A questão fundamental é que a quase totalidade dos recursos públicos foi destinada ao Sistema Nacional de Esportes – comitês olímpico e paraolímpico, confederações das diversas modalidades, federações, clubes envolvidos com o alto rendimento. E para atender uma parcela pequena da população.

Desde 2007, quando o Rio de Janeiro sediou os Jogos Pan-Americanos, até as Olimpíadas de 2016 na mesma cidade (passando por Copa do Mundo de Futebol, em 2014), nunca tanto dinheiro foi destinado ao esporte. O que ficou conhecido como a "década esportiva", consumiu bilhões de reais de três fontes principais, todas públicas: o patrocínio das empresas estatais (principalmente Petrobras, Caixa Econômica Federal, Banco do Brasil, Correios, BNDES, Eletrobrás e Infraero), renúncia fiscal (lei de incentivo) e Lei Piva (2% do dinheiro arrecadado com loterias no país é destinado ao esporte).

A constatação da má administração do dinheiro no esporte brasileiro pode ser feita por uma comparação simples entre Brasil e Grã-Bretanha (conjunto de países que, para o movimento olímpico, representa apenas uma nação). A avaliação é ideal porque ambos foram sedes das duas últimas edições dos Jogos.

As duas delegações, nos Jogos de Atlanta (EUA), em 1996, conquistaram o mesmo número de medalhas: 15 no total. Na preparação para os Jogos de 2012 (em Londres), no ciclo entre 2008 e 2012, enquanto os britânicos investiram o equivalente a R$ 1 bilhão, o Brasil gastou R$ 1,4 bilhão (40% a mais). No quadro de medalhas, ao final dos Jogos, enquanto a Grã-Bretanha aparecia em 3º na classificação geral com 65 medalhas, o Brasil ficou em 22º com 17.

Um argumento a favor do Brasil poderia ser que os atletas que atuam em casa costumam ter um rendimento melhor (o que é verdade). Porém, basta olhar para a classificação dos Jogos do Rio, em 2016, para se ter a certeza de que não foi isso o que aconteceu: a delegação brasileira ficou com 19 medalhas (13º lugar), apenas duas a mais, embora o dinheiro tenha sido ainda maior para o ciclo 2012/2016. Sim, foi o maior número de medalhas que o Brasil já ganhou, mas muito pouco para o tamanho do investimento. A Grã-Bretanha melhorou ainda mais: ficou em 2º lugar, com 67 medalhas.

Não falta dinheiro para prática de esportes no Brasil, como já se viu. Falta, em primeiro lugar, eleger novas prioridades. O esporte de alto rendimento deverá se financiar, fundamentalmente, com a iniciativa privada, aproveitando a formação esportiva e atlética que deve ser feita na base escolar pelas iniciativas estatais. O dinheiro público deve ser usado para benefício da maioria.

Falta ainda gestão dos recursos, razão pela qual é preciso repensar a estrutura que existe hoje. Uma das questões fundamentais é a falha na comunicação entre todas as instâncias. A professora Maria Tereza Bohme, da Escola de Educação Física e Esportes da Universidade de São Paulo, diz que "a falha na comunicação entre os níveis de gestão esportiva gera ações descoordenadas, cada um faz o que quer".

Como o Ministério do Esporte tem sido usado pelos governos para barganhas políticas, raramente alguém que entenda do assunto assume o comando. E, como não existe uma política esportiva digna desse nome, a falta de ações conjuntas, de coordenação, de integração com as políticas estaduais e municipais torna pouco atrativo para empresas privadas atuarem como financiadoras de projetos em todas as estâncias, inclusive no alto rendimento, ponta final do processo.

PRIORIDADE E ESTRUTURA

O primeiro passo para modificar o quadro atual do esporte e da atividade física no Brasil deve ser o estabelecimento de uma nova prioridade: recursos do Estado devem ser investidos majoritariamente no maior público, principalmente nas camadas da população com menor poder aquisitivo e grau de instrução. E, para que não seja uma manifestação retórica ou apenas intenção de campanha, é preciso um conjunto de leis definindo porcentagens tiradas dos orçamentos das empresas estatais, e a sua aplicação em programas bem definidos e geridos pelo Ministério do Esporte. Este terá a responsabilidade de coordenar as atividades não só do governo federal, mas a integração do trabalho dos governos estaduais e municipais – que estarão submetidos às prioridades determinadas pelas novas leis.

Num primeiro momento, parece óbvio que não se poderá simplesmente cortar o dinheiro destinado ao esporte de alto rendimento. A lei de incentivo existente hoje deverá ser aprimorada para a transição. Empresas continuarão a ter o direito de usar dinheiro de impostos para financiar equipes de competição – sempre com o gerenciamento do Ministério do Esporte, contando para isso com uma nova estrutura profissional, que será descrita mais à frente.

Com a definição de um sistema de gerenciamento mais profissional, comunicação eficiente entre as instâncias e amparado por um conjunto de novas leis, o Ministério do Esporte deverá ter três secretarias para elaborar ações necessárias a redirecionar esporte e atividade física: a Secretaria da Atividade Física, a Secretaria de Formação em Esportes e a Secretaria de Alto Rendimento. As duas primeiras receberiam recursos do orçamento das empresas estatais e de programas do governo federal (hoje destinados ao Sistema Nacional de Esportes, como comitês, confederações, clubes etc.), além de verbas do próprio ministério e de outras pastas que venham a participar de projetos, como Ministério da Saúde e Ministério da Educação. A gestão profissional e especializada do ministério e das secretarias será fundamental para que o planejamento seja cumprido e as metas estabelecidas e alcançadas. Para a Secretaria de Alto Rendimento, o dinheiro virá da lei de incentivo e contará com uma estrutura especial de análise de desempenho. O que não impede que em momentos pontuais não se possa utilizar dinheiro do orçamento do Ministério do Esporte para financiar atividades de alto rendimento, como participação em Jogos Olímpicos ou campeonatos mundiais – desde que seguindo critérios de boa gestão e dentro do planejamento.

SECRETARIA DA ATIVIDADE FÍSICA

A mais abrangente das três secretarias deverá ser também a mais democrática. Terá como fundamento fazer a população sair do sofá, movimentar-se. Crianças, jovens, adultos, velhos, deficientes e, principalmente, os mais pobres.

Apesar de ser a que atenderá número maior de pessoas, também será aquela cujos projetos serão mais baratos. Porque o objetivo principal não é fazer atletas, mas proporcionar atividades que tirem as pessoas do sedentarismo. Muitas vezes uma caminhada pelo bairro ou atividades lúdicas num parque é suficiente para quebrar a inércia. Fundamental é que sejam atividades regulares e que tenham monitoramento. Portanto, o papel do Estado é programar atividades, capacitar monitores e preparadores físicos e articular ações junto às prefeituras – mais próximas da população-alvo, os organismos municipais têm mais condições de escolher atividades, locais e convocar as pessoas a participarem.

Caberá ao governo federal a fiscalização da aplicação dos recursos, repassados às prefeituras, que se encarregarão de executar as atividades realizadas em parques, praças e centros esportivos locais, podendo também usar a estrutura já existente da rede escolar, tanto municipal como estadual. Levar as famílias para as escolas facilitará, também, a manutenção das instalações e a proteção do patrimônio mesmo durante os horários não utilizados pelas aulas.

Com o dinheiro que hoje é destinado exclusivamente para o esporte de alto rendimento, será possível remunerar os profissionais para desenvolver um extenso cronograma de atividades e ainda fazer reparos ou mesmo construir instalações esportivas, principalmente nas escolas, o que favorecerá ainda os processos que se desenvolverão no âmbito da Secretaria de Formação em Esportes. Em convênios com as secretarias municipais de esportes, mais recursos poderão ser alocados para atividades comuns.

Haverá também empenho para que empresas locais se envolvam e financiem ações que visem à movimentação da população.

SECRETARIA DE FORMAÇÃO EM ESPORTES

Se, nos dias de hoje, a formação de atletas no Brasil depende exclusivamente de iniciativas de clubes associativos ou de empresas que utilizam o esporte como instrumento de marketing, os investimentos do Estado devem estar voltados para a base, para oferecer a oportunidade para que se pratique esportes desde a infância. E o melhor caminho para isso é a escola.

Formação em Esportes não significa que toda criança, no futuro, será atleta de alto rendimento. Ao contrário, uma minoria chegará lá. Mas todos os que tiverem a possibilidade de praticar esportes na infância e juventude entrarão em contato com um modo de vida saudável que será seguido pela maioria por toda a vida.

Atualmente, somente no ensino fundamental as aulas de educação física são obrigatórias, o que deverá ser estendido para o ensino médio e as universidades. Elas são fundamentais para estimular crianças e jovens à prática esportiva e, com mais recursos públicos para investir, será possível nas escolas, a longo prazo, oferecer atividades variadas e diversas modalidades. Bem treinados e capacitados, os professores terão condições de detectar habilidades e encaminhar os alunos para esta ou aquela modalidade – ou até mesmo para atividades físicas que não visem exclusivamente a competição.

Dentro do projeto, a Secretaria também deverá reorganizar nos estados, com a parceria dos governos estaduais, as competições colegiais como forma de motivar e avaliar o trabalho de formação esportiva das crianças. Em décadas passadas, as competições colegiais mobilizavam as escolas, criavam rivalidades e incentivavam a formação de equipes de competição dentro do ambiente estudantil. Por muitas razões, elas foram sendo esvaziadas e as próprias aulas de educação física passaram para um segundo plano.

Essas competições serviriam também para que a Secretaria de Alto Rendimento descobrisse talentos que poderiam desenvolver habilidades num nível mais elevado, visando às equipes de alto rendimento – neste ponto, em parceria como a iniciativa privada.

Outro fator colateral de se levar a formação em esportes para a escola é a formação de público – adquirir cultura esportiva é fator de apoio ao crescimento das diversas modalidades. Pessoas que têm contato com alguma modalidade, mesmo que não sigam para o esporte profissional, acabam se tornando um praticante amador ou mesmo um apreciador, torcedor e consumidor de esportes – frequentando jogos, comprando produtos das equipes.

Os recursos deverão ser utilizados para construir ou reformar quadras esportivas nas escolas, adquirir material, capacitar professores e ajudar na organização das competições entre escolas de uma mesma cidade e do mesmo estado. Mais uma vez, parcerias com governos estaduais e prefeituras deverão ser efetivadas, pois as escolas de ensino fundamental e médio estão sob controle deles.

SECRETARIA DE ALTO RENDIMENTO

Durante a preparação de suas equipes para os Jogos Olímpicos de Londres, a Grã-Bretanha criou um sistema para acompanhar o que estava sendo feito, como estava sendo feito e, assim, avaliar os resultados. Para isso, foi criada uma empresa chamada UK Sports para gestão profissional de todos os recursos e para que todo o trabalho desenvolvido respeitasse o planejamento e atingisse suas metas. A cada ano, pelo menos três avaliações de resultados são feitas pela UK Sports, a fim de verificar a evolução de cada modalidade e para indicar correção de rumos. Além de otimizar dinheiro e esforços, a gestão profissional levou o esporte do Reino Unido aos seus melhores resultados históricos nos Jogos de Londres e do Rio de Janeiro (em 2016, ficaram atrás apenas dos Estados Unidos). Uma solução semelhante poderá ser adotada no Brasil, com as devidas adaptações à nossa realidade.

A Secretaria de Alto Rendimento seria a responsável pela gestão desta empresa que teria profissionais especializados em fazer a ligação entre o resultado da Secretaria de Formação em Esportes, a iniciativa privada e as equipes representantes do Brasil em competições internacionais.

Como primeira tarefa, seria a criação de alguns centros de excelência regionais em vários pontos do país, e os que já existem seriam reformados e equipados. A ideia é que esses centros recebam, a partir dos 14 anos, estudantes que se destacarem nas competições colegiais, promovidas pela Secretaria de Formação em Esportes. Esse é um modelo que funcionou com sucesso em Cuba, quando o país recebia recursos da extinta União Soviética. Os atletas com potencial saiam das competições colegiais – que lá têm etapas locais, municipais, provinciais e nacionais – para esses centros com a finalidade de receber um treinamento num nível superior. Os melhores dos centros regionais eram encaminhados para um centro nacional da modalidade e dali para as seleções do país.

No Brasil, um país tão maior que Cuba, talvez não seja tão simples ministrar esses treinamentos para adolescentes, em razão de suas ligações necessárias com a família e a comunidade. Quanto mais centros regionais, mais próximos eles estarão de casa. Uma alternativa, num primeiro momento, pode ser "períodos de treinamento", com orientações para continuação das atividades no retorno ao colégio ou clube de origem.

O resultado desse trabalho de massificação esportiva nas escolas será aproveitado pelas equipes de competições, em torneios internos e, por intermédio das seleções, internacionalmente. Caberá à Secretaria de Alto Rendimento estabelecer a ponte entre a formação e a competição.

A iniciativa privada, que terá a incumbência de manter as equipes de competição, terá dispositivos para selecionar atletas. Um bom mecanismo é o que existe nos Estados Unidos, o *draft*, durante o qual os atletas universitários são selecionados pelas equipes profissionais através de critérios cujo objetivo é manter o equilíbrio entre os times. Como lá o esporte funciona num sistema de franquias bem diferente daqui, haveria necessidade de adaptação à realidade local.

Também a cargo da Secretaria de Alto Rendimento estará a coordenação das atividades dos comitês olímpicos e paraolímpicos, além de todas as confederações das modalidades que representam o Brasil nas mais variadas competições. No lugar dos patrocínios das empresas estatais, recursos da iniciativa privada através da lei de incentivo, com fiscalização rigorosa da utilização do dinheiro, que vem de empresas privadas, mas é público, uma vez que seriam originalmente destinados ao pagamento de impostos.

LONGO PRAZO

Não resta dúvida de que a implementação total do projeto levaria alguns anos, mais de um governo, pois representa uma modificação completa na maneira de administrar o esporte no Brasil e também pela necessidade de formação de pessoas, estruturação e aparelhamento das escolas, mapeamento de locais para utilização, tais como parques e centros esportivos estaduais e municipais, motivação e integração da população-alvo, integração dos programas estatais com a iniciativa privada, funcionamento pleno do projeto de formação de atletas via escolas.

Provavelmente, os principais e duradouros resultados dessa nova forma de investir estarão claros depois de oito ou dez anos. Num prazo de cinco anos seria possível completar toda a ação de estruturação física e funcional dos locais selecionados para a execução dos muitos projetos de movimentação da população sedentária.

No entanto, nos dois primeiros anos estarão implementados e em pleno funcionamento os programas de mobilização geral da população para a atividade física, pois, em sua maioria, não requerem estruturas sofisticadas nem recursos tão volumosos. As parcerias com governos locais para atividades mais simples como caminhadas, exercícios em parques, jogos familiares, atividades na rede escolar durante a sua ociosidade, teriam início quase imediatamente. O compromisso deve ser com a regularidade e continuidade.

Uma população mais ativa fisicamente e com a prática esportiva como hábito levará à economia de recursos em outras áreas, proporcionando ganhos secundários importantes.

Provavelmente, nos primeiros anos de execução da nova política para a atividade física e o esporte, os resultados das equipes brasileiras de competição terão declínio em relação ao desempenho médio histórico, mas para recuperar mais adiante a capacidade de conseguir resultados internacionais ainda mais expressivos que os atuais, além de estar sobre alicerces mais bem estruturados e com capacidade de crescimento e sustentabilidade. E apoiado por uma população com cultura esportiva capaz de gerar ganhos para as equipes de alto rendimento e para as empresas privadas que as sustentarem.

Notas

[1] Disponível em <http://agenciabrasil.ebc.com.br/geral/noticia/2017-09/sete-em-cada-dez-brasileiros-nao-praticam-atividade-fisica-mostra-pnud>, acesso em 22 mar. 2018.
[2] Idem.
[3] Disponível em <http://www.br.undp.org/content/brazil/PT/home/library/idh/rdhs-brasil/relatorio-nacional-desenvolvimento-humano-2017.html>, acesso em 22 mar. 2018.

Os autores

Jaime Pinsky

Historiador e editor. Doutor e livre-docente na USP. Foi professor na atual Unesp, na USP e na Unicamp, onde se tornou o primeiro professor titular concursado na área de humanas. Participou de atividades acadêmicas nos EUA, no México, em Porto Rico, em Cuba, na França, em Israel, e nas principais instituições universitárias brasileiras, do Acre ao Rio Grande do Sul. Criou e dirigiu as revistas de Ciências Sociais *Debate & Crítica* e *Contexto*. Escreve regularmente no *Correio Braziliense* e, eventualmente, em outros jornais e revistas do país. Tem mais de duas dezenas de livros publicados, principalmente na Contexto, editora que fundou e da qual é diretor editorial.

Claudia Costin
Diretora do Centro de Excelência e Inovação em Políticas Educacionais da Fundação Getulio Vargas (FGV) e professora convidada da Faculdade de Educação da Universidade de Harvard. Foi diretora global de educação do Banco Mundial, Secretária de Educação do município do Rio de Janeiro e ministra da Administração e Reforma do Estado.

Paulo Saldiva
Médico patologista, professor da Faculdade de Medicina da USP, com pesquisas em doenças respiratórias, patologia ambiental e antropologia médica. Pela Contexto, é autor de *Vida urbana e saúde*.

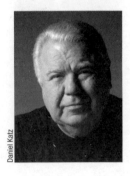

Jaime Lerner
É arquiteto e urbanista, fundador do Instituto Jaime Lerner e da Jaime Lerner Arquitetos Associados. Foi presidente da União Internacional dos Arquitetos no período de 2002-2005, três vezes prefeito da cidade de Curitiba e duas vezes governador do Paraná.

Nabil Bonduki

Professor titular da Faculdade de Arquitetura e Urbanismo da USP. Colunista da *Folha de S.Paulo*. Foi secretário de Cultura, relator do Plano Diretor (2002 e 2014) e coordenador do Plano Nacional de Habitação (2007-2008). Autor de 13 livros, como *Origens da habitação social no Brasil* e *Pioneiros da habitação social* (Prêmio Jabuti 2015).

Eduardo Muylaert

Advogado criminal, escritor e fotógrafo. Foi secretário de Justiça e Segurança Pública em São Paulo. Presidiu o Conselho Nacional de Política Criminal e Penitenciária. Formado pela USP, cursou a Universidade de Paris (Panthéon-Sorbonne) e Sciences-Po e foi professor da PUC/SP.

Glauco Arbix

Professor titular de Sociologia da USP e pesquisador do Observatório da Inovação do Instituto de Estudos Avançados. Foi presidente da Financiadora de Estudos e Projetos, do Instituto de Pesquisa Econômica Aplicada, e *Tinker Professor* na Universidade de Wisconsin.

Luís Eduardo Assis
É CEO da Fator Seguradora, conselheiro da Companhia de Saneamento Básico do estado de São Paulo e articulista de *O Estado de S. Paulo*. Foi diretor do Banco Central e professor de economia da PUC/SP e da FGV/SP. Foi também Chief Economist do Citibank, CIO do Citibank Asset Management, CEO do HSBC Investment Bank e COO do HSBC Bank.

Antônio Corrêa de Lacerda
Professor-doutor e diretor da Faculdade de Economia, Administração, Contábeis e Atuariais da Pontifícia Universidade Católica de São Paulo (PUC/SP). É doutor pelo Instituto de Economia da Unicamp e autor de livros e artigos. Ex-presidente e conselheiro do Conselho Federal de Economia, é consultor e membro do conselho de organizações, colaborador de *O Estado de S. Paulo* e comentarista do *Jornal da Cultura*, da TV Cultura.

Paulo Roberto de Almeida
Doutor em Ciências Sociais, mestre em Economia e diplomata. Foi professor no Instituto Rio Branco e na Universidade de Brasília (UnB). É professor de Economia Política no Centro Universitário de Brasília (UniCeub) e diretor do Instituto de Pesquisa de Relações Internacionais do Itamaraty.

Roberto Rodrigues

Engenheiro agrônomo, agricultor, coordenador do Centro de Agronegócio da FGV, embaixador especial da Organização das Nações Unidas para a Alimentação e a Agricultura (FAO-ONU) para as cooperativas e presidente do Lide Agronegócio. Participa de inúmeros conselhos empresariais, institucionais e acadêmicos. Ex-ministro da Agricultura, Pecuária e Abastecimento.

Fabio Feldmann

Consultor, administrador de empresas e advogado. Eleito deputado federal por três mandatos, atuou como secretário do Meio Ambiente do estado de São Paulo e foi autor de parte da legislação ambiental brasileira. Participa de inúmeras organizações da sociedade civil e dirige seu escritório de consultoria ambiental.

Milton Leite

Ao longo de 40 anos de carreira, atuou, em diversos veículos, como repórter, redator, editor, chefe de reportagem e diretor de redação. Trabalhou como apresentador de variedades na Jovem Pan TV e em diversas rádios. Foi também narrador na ESPN-Brasil e redator de Economia no jornal *O Estado de S. Paulo*. Desde 2005, é narrador esportivo do Grupo Globo.